J'ai créé et développé une entreprise

Conseils pratiques

Gaspard Chevallier

À Éric Maquet...

Table des matières

Avant-propos
S'associer
Trouver une idée…ou pas
Etude de rentabilité
Une idée avec potentiel
Négocier et obtenir des informations d'un fournisseur/ franchiseur
Préparer votre lancement
    L'infrastructure matérielle et légale
    Le plan de financement
    Le plan Marketing de votre affaire
    Le planning commercial
    Trouver un nom commercial, un logo, un slogan…
    Votre présence sur la toile
Lancement de l'activité
    Les premiers appels/phoning
    Vos rendez-vous
    La vente
    Recruter du personnel
    Utiliser son carnet d'adresses
    Trouver un mentor
Optimiser son temps et ses coûts
    L'infrastructure
    Optimiser votre action commerciale
    Optimiser vos coûts de production
    L'aide des organismes publics et privés
    Autres idées

Gérer les problèmes
- *Problèmes techniques*
- *Problèmes légaux*
- *Problèmes commerciaux*
- *Un drame*
- *Problèmes de sous-traitants*
- *Problèmes de personnel*

Vaincre la tentation d'abandonner, et rebondir pour développer votre affaire
- *Chercher à améliorer votre offre*
- *Diversifier ses activités*
- *Fidéliser ses clients*

Trouver un équilibre travail-vie privée

Conclusion

Remerciements

Du même auteur

Mémo des conseils

Avant-propos

Après une expérience de dix ans comme « employé », je me suis lancé dans la passionnante aventure qu'est l'entreprenariat. Depuis mon plus jeune âge, j'avais gardé dans un coin de la tête le souhait de monter ma propre boîte pour n'avoir plus de compte à rendre. C'est une question de mentalité, d'état d'esprit et peut-être même de destinée. Si vous lisez ce livre c'est que le sujet vous intéresse, nous avons donc ce point en commun.

Avant de monter ma société j'aurais bien aimé être conseillé, averti, et même guidé, afin d'éviter les embûches et les obstacles qui se dressent sur le chemin de l'entrepreneur. Cela m'aurait permis de gagner du temps, et surtout de consacrer mon énergie à des tâches plus importantes.

C'est pour ces raisons que j'ai décidé d'écrire ce livre, espérant qu'il vous sera utile, si comme moi, vous avez eu un jour l'envie de devenir votre propre chef.

M'inspirant du dicton *un conseil sans exemple est comme une traite sans aval,* vous lirez dans ces pages une description détaillée de ce qui m'est arrivé pour argumenter les conseils que je vous donnerai. Avec le récit de mon aventure d'entrepreneur, vous aurez parfois l'impression de lire un Roman de fiction, mais je tiens à préciser que tout ce que vous allez découvrir m'est vraiment arrivé.

J'ai voulu écrire ce livre personnel et autobiographique non pour des raisons d'ego, mais pour humaniser le concept de l'entreprenariat, depuis la recherche d'une idée d'affaire jusqu'à la diversification de ses activités en passant par l'association, la recherche de fonds, le recrutement et la gestion des problèmes en tous genres.

J'ai beaucoup hésité avant de trouver le juste titre de ce livre.

Notre histoire est l'histoire de deux Français venus à Madrid parce qu'il y fait bon vivre, et qui lassés de travailler pour autrui, ont décidé de devenir eux-mêmes leurs propres employeurs. Ainsi, ce livre aurait pu s'appeler : « *Comment monter sa boîte à l'étranger* ».

Je vais également énumérer les nombreuses difficultés qu'il faut surmonter quand on crée une société, j'ai donc aussi pensé au titre : « *Entrepreneurs : gardez un optimisme à toute épreuve!* ».

Plus que des difficultés, ce sont des tragédies que j'ai vécues dans cette expérience d'entreprenariat, par conséquent, ce livre aurait aussi pu s'intituler : « *Comment s'en sortir malgré les coups durs* ».

En résumé je vais vous parler de tout cela, autour d'un cas pratique.

Quelques petites précisions avant de tourner ces pages :

Chaque chapitre sera conclu par des conseils, directement issus d'une expérience vécue.

Vous allez lire de nombreux anglicismes dans mon écriture. Et, pourtant, j'ai monté ma société en Espagne et non dans un pays anglophone ! Le fait est que dans le monde de l'entreprise les principales références viennent souvent du pays de l'oncle Sam. Pardonnez donc ces trahisons envers notre belle langue.

S'associer

Une entreprise, c'est avant tout une histoire de personnes. C'est peut-être aussi pour cela qu'on l'appelle « société ».

Et vivre en société, cela demande un grand respect d'autrui, dans le cas présent respect de son associé (et plus tard de ses employés).

Antoine de Saint-Exupéry a écrit un jour *Force-les de bâtir ensemble une tour et tu les changeras en frères.*

C'est tellement vrai !

Monter une entreprise, c'est une expérience qui soude de puissants liens entre les Hommes, et ce pour toute une vie.

Pour se lancer dans l'aventure à deux ou à plusieurs, il est par conséquent indispensable de s'entourer de personnes ayant la même vision que vous et surtout la même ambition.

Trouver le bon « partenaire » dans la vie comme dans son travail, c'est la clé !

Je reviens à mon histoire, remontant le temps jusqu'en 1999. À cette époque je travaille pour une agence de presse Internationale. Je vis dans mes valises onze mois sur douze, sautant d'un pays à l'autre pour réaliser des reportages économiques sur ces mêmes pays, publiés dans des magazines et quotidiens prestigieux (*Le Monde, The Daily Telegraph, USA Today, Time…*), mais surtout financés par la publicité.

Je me trouve à l'automne de cette année-là en Roumanie, première étape d'un reportage pan central européen sur le secteur des télécommunications. Dans un restaurant branché de la ville, on me présente Eric, un Français expatrié vivant en Afrique du Sud et venu à Bucarest pour voir une amie qui travaille pour la même agence que moi. Quelques mots échangés autour d'un succulent goulasch, puis quelques phrases autour d'une bière locale, le « fit » passe. Avec Eric, on s'entend bien dès le début.

Trois ans plus tard, avril 2002, toujours travaillant pour la même agence mais désormais affecté au siège à Madrid, comme petit chef, je continue à voyager, mais beaucoup moins qu'avant : juste huit mois sur douze !

Je me trouve en Afrique du Sud, pour superviser le reportage d'une équipe et l'on me représente Eric, qui est cette fois-ci le régional de l'étape. Bien que travaillant pour Michelin à Johannesburg, il est « Le » contact Afrique du Sud pour les journalistes de notre agence de presse.

Eric me dit qu'il songe à quitter « la nation arc-en-ciel » pour venir s'installer à Madrid. Généreusement j'offre mon appartement fantôme (puisque je ne l'habite que quatre mois sur douze) comme pied à terre provisoire pour ce compatriote que j'apprécie déjà.

Trois semaines plus tard, à Madrid et entre deux avions, coup de téléphone de ma double rencontre Roumaine-Sud Africaine. Eric vient d'atterrir à Madrid et il ne sait pas où loger. Ma proposition tenant toujours, c'est dans mon appartement qu'il s'installe provisoirement.

Il y restera cinq mois.

Un an plus tard, mars 2003, je viens de me faire « éjecter » de l'agence de presse Internationale après sept ans de bons et loyaux services. Après ces tours du monde, je suis un peu blasé et l'idée de redevenir employé ne m'enchante guère.

C'est alors que je retrouve Eric qui depuis a quitté mon appart, trouvé un travail dont il vient à peine, lui aussi, de se faire « éjecter » : ah ces hasards de la vie !!!

Et si on faisait quelque chose ensemble ? Et si on montait notre propre boîte ? En cette après-midi de printemps madrilène, cette discussion autour d'un expresso changera notre destinée professionnelle à tout jamais.

On est d'accord, on s'entend bien, on va monter quelque chose ensemble et ici à Madrid, mais quoi ?

Conclusion du chapitre : le hasard fait parfois bien les choses et je ne m'y suis pas pris à deux fois au moment de penser si je faisais bien ou pas de m'associer à un « presque » inconnu. J'ai juste suivi mon instinct et le premier feeling que j'avais eu avec cette personne…

Même dans les moments les plus difficiles traversés par la société, je n'ai jamais regretté mon association.

Mes conseils :

Suivez votre instinct au moment de vous associer ! L'instinct c'est le premier et le « vrai » sentiment en dehors de tout jugement extérieur. Un sentiment unique. Puisque « l'autre » ne vous connaît pas non plus, il ne peut être que lui-même. Il n'a que sa vraie nature à vous montrer, celle qui vous plaira…ou pas.

Mon deuxième conseil est de ne pas demander conseil à vos proches quant à votre association !

Cela peut paraître osé de dire cela, mais c'est la vérité. Il n'y a vraiment que vous-même pour savoir si vous êtes fait pour travailler avec une personne. Pas les autres !

En résumé, on pourrait dire qu'il faut laisser le rationnel de côté au moment de choisir son associé et ne suivre que son instinct.

Photo des associés : Eric à gauche et Gaspard à droite en novembre 2003 au moment de la création de la société Publimovida

Trouver une idée... ou pas

Monter un business lorsque l'on n'a pas beaucoup d'idées c'est un peu difficile, mais ce n'est pas impossible.

C'est pour cela que l'on a inventé le système des « franchises ».

Je ne veux, en aucune manière, offenser ni les franchisés ni les franchiseurs. Mais il faut bien reconnaître que ce système permet, si l'on a un capital de départ, d'exploiter sans trop de risques une idée déjà inventée.

Pour la définition, la franchise est une méthode de collaboration entre une entreprise, le franchiseur et une ou plusieurs entreprises, les franchisés, moyennent le versement de royalties

Son objet est d'exploiter un concept mis au point par le franchiseur.

Pour la petite histoire, ce système vient des Etats-Unis où le célèbre fabricant de machines à coudre *Singer*, ne pouvant distribuer lui-même ses produits, eurent recours en 1851, à des distributeurs indépendants liés à *Singer* par un contrat de Franchise.

C'est donc au salon de la franchise à Madrid qu'avec mon associé, nous nous sommes donné rendez-vous pour trouver une « idée à exploiter ».

Grâce à nos « sacrifices » d'expatriés, nous sommes parvenus à économiser une petite cagnotte, destinée à démarrer notre affaire et prévoir une autarcie financière de quelques années.

Nous avons de la chance, nous avons décrété tacitement que le montant de l'investissement ne sera pas notre obstacle principal (toutes proportions gardées bien entendu). En revanche le potentiel de l'idée le sera.

Nous sommes en Espagne, l'un des tigres économiques de l'Europe à cette époque-là, je rappelle que nous sommes en 2003, où encore beaucoup d'enseignes ne sont pas encore très présentes. A titre d'exemple Decathlon a ouvert en 2003 cinq magasins en Espagne. Leclerc des dizaines d'hypermarchés, même chose pour Leroy Merlin, Mc Donalds…

Le salon de la franchise de Madrid est donc l'endroit où il faut être : « the place to be », si l'on se sent une âme d'entrepreneur.

Après avoir tourné comme des satellites une bonne quinzaine de fois aux quatre coins du hall d'exposition, notre attention se porte sur le stand d'un fabricant portugais d'accessoires de mode, que j'appellerai *Bijou*.

Pour information pour les garçons (les filles le savent déjà) on appelle accessoires de mode : colliers, boucles d'oreilles, pendentifs et sacs, entre autres.

Les produits nous plaisent, ils sont bien présentés, sont dans « l'air du temps » et surtout ils sont fabriqués au Portugal. Hormis les pays de l'Est, le Portugal est le pays d'Europe avec le plus faible coût de main-d'œuvre.

Avec mon associé, nous raisonnons de la façon suivante :

- Il y aura toujours un marché pour les accessoires de mode.
- Il y a de bonnes marges à tirer compte tenu de la différence : coût de fabrication portugais et niveau de vie espagnol.

Nous voilà lancés dans une étude afin de savoir s'il est rentable ou non de monter un magasin *Bijou* franchisé à Madrid.

Étude de rentabilité

C'est en général la deuxième étape dans le montage d'une affaire, après en avoir trouvé l'idée.

La logique voudra que si l'étude de rentabilité révèle que votre business ne sera pas profitable alors il faut laisser tomber.

Cette logique était valable jusqu'aux années 80 mais avec l'avènement des nouvelles technologies la donne a changé. Maintenant même si votre affaire perd beaucoup d'argent, le potentiel de votre idée fera peut-être de vous un milliardaire si vous êtes racheté ou si vous introduisez votre société en bourse. C'est un paradoxe du bon sens, mais c'est une nouvelle réalité économique.

Dans le cadre d'une franchise, vous avez éventuellement un potentiel de rachat par le franchiseur ou par un nouveau franchisé. Mais oubliez vos rêves de fortune liés à d'autres facteurs, car l'idée de votre affaire ne vous appartient pas. Il faudra donc avant tout que votre affaire soit rentable. Pas d'autre échappatoire possible.

Étant dans cette situation, nous n'avions d'autre solution que de sortir notre calculette pour chiffrer nos coûts puis estimer nos revenus.

Etude de coûts :

Dans notre histoire de magasin d'accessoires de mode, il y avait deux coûts importants :

- L'achat des bijoux au franchiseur
- Le loyer du magasin. C'est même la clé pour ce type de business. Vu le prix des bijoux (en moyenne quinze euros) vous ne pouvez baser votre modèle d'affaire que sur du volume. Et pour avoir du volume, il vous faut un bel emplacement. En conséquence : cibler les meilleures zones marchandes de votre ville, le loyer vous coûtera peut-être trois ou quatre fois plus cher, mais si vous faites vos comptes, vous en sortirez gagnant.

Dans notre étude de rentabilité, nous devions également estimer nos revenus. Le système de franchise vous apporte non seulement une idée mais aussi des références sur les revenus que vous pouvez tirer de votre affaire, s'appuyant sur des résultats d'autres franchisés. De cette façon nous avons pu avoir de sérieuses indications sur le chiffre d'affaires à espérer, même si dans un souci de réalisme, nous avons déprécié ces estimations de 10%.

Voici un tableau récapitulatif de notre étude de coûts et CA prévisionnel sur 3 ans :

BIJOU Simulation Boutique	1º année	2º année	3º année
CA prévisionnel	200.000	220.000	242.000
Croissance du CA		10%	10%
Achats marchandises au franchiseur (stock)	100.000	72.600	121.000
Coût total de personnel charges CC : 1 vendeuse à temps plein la 1ere année 2 vendeuses dès la 2ème année (salaires espagnols 2003)	15.600	31.200	32.136
Personnel temporaire	8.656	4.992	5241,6
Publicité (1.5%)	4.860	2.178	2286,9
Vols de marchandises (3% du stock)	1.980	2.178	2286,9
Frais bancaires (3% de com. cartes bancaires)	6000	6.600	7260
Frais de ventes (variable)	95.942	119.748	120.973
Inflation		4%	4%
Loyer (40-50 m2 en zone commerciale très passante)	69.600	72.384	75.279
Emballage, papiers cadeaux...	4.000	4.160	4.326
Frais de Télécommunication	3.000	3.120	3.245
Electricité (lumière, A/C, chauffage) et eau	1.200	1.248	1.298
Assurance	1.000	1.040	1.082
Musique (copyrights)	100	104	108
Vêtements vendeuses	200	208	216
Ménage	4.800	4.992	5.192
Alarme	500	520	541
Gestion des fiches de paye, comptabilité (TVA/Impôts)	1.200	1.248	1.298
Frais de structure (fixes)	85.600	89.024	92.585
Royalties d'entrée	10.000		
Etablissement de la structure (notaire, avocat...)	1.000	-	
Caution du loyer (2 mois)	11600	-	
Coûts d'entrée	62.167	-	-
Voyages au Portugal (pays du franchiseur)	1.000	1.040	1.082
Coûts de management	1.000	1.040	1.082
Total coûts	243.709	209.812	214.640
	An 1	An 2	An 3
Bénéfices avant impôts	-43.709	10.188	27.360

Comme vous pouvez le voir à travers ce tableau les coûts de loyer sont de loin les plus importants mais vitaux pour obtenir un chiffre d'affaires conséquent. Ce tableau démontre aussi que malgré des prévisions de chiffres conservateurs, certes, mais conséquents, le bénéfice net obtenu la troisième année n'est que de 27.360 €....J'ai volontairement omis dans le tableau d'insérer des salaires pour les deux associés (qui mettront la main à la pâte la première année d'où l'économie d'un salaire de vendeuse). Bref 27.360 € à partager à deux la troisième année de son activité entrepreneur quand on n'a perçu aucun revenu pendant deux ans, cela vaut-il la peine de l'investissement ?

Les chiffres parlent d'eux-mêmes…

À ce moment donné, nous avons fait avec mon associé un bilan de nos compétences respectives : Eric est un « produit Michelin », un technicien, voire un tacticien expert en informatique et en logistique. Je viens du métier de la publicité et mon background est plutôt commercial.

Nous avons aussi réalisé que nous n'avions aucune expérience dans le petit commerce. Quelle aurait été dans ce type d'affaire notre valeur ajoutée ? Aucune. Sans parler du fait que notre étude de rentabilité ne présageait que de faibles revenus…

En résumé, il y avait trop de voyants au rouge pour nous permettre sereinement de poursuivre le projet Bijou. Nous décidions donc après un bon mois d'étude de laisser tomber cette idée pour nous consacrer à un autre projet.

> Mon conseil :
>
> Si vous entreprenez un business dans une idée déjà largement exploitée, veillez à ce que la différence ou la valeur ajoutée que vous allez y apporter soit significative. Sinon, vous serez juste « un de plus » dans un marché déjà très concurrentiel.
>
> Même si votre affaire a une valeur de revente significative sans être profitable, ne négligez pas votre étude de rentabilité et pour éviter les mauvaises surprises, appliquez la loi des 20-20 : minorez vos potentiels de recettes de 20% et majorez vos coûts de 20%.

Une idée d'affaire avec potentiel

C'est ce que l'on recherche tous quand on monte un business. La réciproque est vraie : on monte une affaire parce que l'on a une idée d'affaire avec potentiel.

Un business à potentiel ne signifie pas forcément l'idée que personne n'a eue. Mais c'est simplement offrir un produit ou un service qui trouvera un acquéreur sur un marché donné.

Quand on pense à une idée d'affaire, il est aussi important d'incorporer le facteur futur dans cette affaire : mon idée a-t-elle un avenir à moyen terme ? Et sinon quelles sont mes échappatoires. Je citerai une maxime originale du plus grand joueur de hockey de l'histoire Wayne Gretsky : « *Je patine vers l'endroit où le palet va être, et non vers là où il a été* ». Maxime que Steve Jobs a reprise dans de nombreux discours.

J'en reviens à mon expérience. L'une de nos premières actions fut de nous connecter à l'ADSL (c'est évident, en 2014, ça l'était moins en 2003), et c'est justement surfant sur Internet que nous avons trouvé sur le site de la Fédération Française de la Franchise, une idée géniale : un système d'affiche déroulant (type Jean-Claude Decaux) mais monté sur un camion.

L'idée est assez simple : prenez une camionnette de 3,5 tonnes (la limite avant d'avoir à passer un permis poids lourd). Attelez- lui une grosse caisse avec trois vitres décorées façon écran de télévision. À l'intérieur de cette caisse, installez un système d'affiche déroulant, le tout programmé par ordinateur pour assurer une fréquence de passage. Et voilà le résultat :

Les affiches sont visibles de jour…comme de nuit…

Le concept consiste à mettre en place des circuits et des horaires de circulation en adéquation avec la cible de clientèle des annonceurs et dans des lieux de haute fréquentation comme les écoles, les sorties de métro, les centres commerciaux…

HORAIRES	MARDI	MERCREDI	JEUDI	VENDREDI	SAMEDI
7h30 / 8h00	Alcobendas	Alcobendas	Valdelasfuentes	Alcobendas	
8h00 / 8h30	P.E. Diversia 1, 2 & 3	Moraleja salidas 1, 2 & 3	P.E. Diversia 1, 2 & 3	P.Ind. S.S. de los Reyes	
8h30 / 9h00	P.E. Diversia 1, 2 & 3	Moraleja salidas 1, 2 & 3	Colegios La Moraleja	P.Ind. S.S. de los Reyes	
9h00 / 9h30	Ctra. Fuencarral TELE 5	P.Ind. S.S. de los Reyes	Polideportivo Alcobendas	Salida Norte SS. de los Reyes	
9h30 / 10h00	Ctra. Fuencarral TELE 5	P.Ind. S.S. de los Reyes	Polideportivo Alcobendas	Salida Norte SS. de los Reyes	
					12h00 / 14h00 Plaza Moraleja y
13h30 / 14h00	Glorieta Hotel Amura	Moraleja Green	Glorieta Hotel Amura		salidas 1, 2 & 3
14h00 / 14h30	Glorieta Hotel Amura	Moraleja Green	Glorieta Hotel Amura	14h30 / 15h30	
14h30 / 15h00	P.E. Diversia 1, 2 & 3	Proximidades	Moraleja Green	Glorieta Hotel Amura	14h00 / 16h30
15h00 / 15h30	P.E. Diversia 1, 2 & 3	Proximidades	Moraleja Green	15h30 / 16h30 Ctra. Fuencarral Sony	Corte inglés Sanchinarro
17h00 / 17h30	Colegios Alcobendas	Colegios La Moraleja	Glorieta Hotel Amura	16h30 / 17h30	16h30/19h00
17h30 / 18h00	Polideportivo Alcobendas	Ctra. Fuencarral Sony	P.E. Diversia 1, 2 & 3	Proxi.	Proxi. Plaza Norte 2
18h00 / 18h30	Polideportivo Alcobendas	Ctra. Fuencarral Sony	P.E. Diversia 1, 2 & 3		Mega Park
18h30 / 19h00	C.C. El Bulevar		Ctra. Fuencarral TELE 5	17h30 / 20h00	IKEA
19h00 / 19h30	Moraleja salidas 1, 2 & 3	Ctra. Fuencarral TELE 5	Ctra. Fuencarral Sony	Proximidades IKEA	19h00/19h30
19h30 / 20h00	Moraleja salidas 1, 2 & 3	Glorieta Hotel Amura	Ctra. Colmenar El viejo	Plaza Norte 2	
20h00 / 20h30	Centro Urbano Alc./S.S	Glorieta Hotel Amura	Ctra. Colmenar El viejo	Proximidades Alcampo	

En résumé, c'est comme si l'annonceur achetait tout le mobilier urbain d'une ville (mobilier urbain = abribus et affiches 4X3), puisque le camion va être visible partout et surtout aux heures de pointe.

Le concept prévoit la présence de plusieurs annonceurs sur le même support avec une programmation de passages des affiches en fonction du budget déboursé par l'annonceur.

Nous avons choisi ce concept comme idée de base de notre entreprise pour de nombreuses raisons :

- Tout d'abord, comme je l'écrivais précédemment, parce qu'il n'existait pas à Madrid (du moins c'est ce que nous pensions). Donc, il y avait un marché à prendre.

- Les références de franchisés que nous avions en France nous ont démontré que c'est un concept à haute rentabilité (s'il est bien géré). Si cela fonctionne très bien en France, il n'y a pas de raison pour que cela ne marche pas aussi au-delà des Pyrénées.

- Le secteur d'activité qui nous concernait (la publicité extérieure) est un secteur relativement stable, avec des évolutions, certes, mais pas de révolution en vue, du moins à moyen terme.

C'est important quand on monte un business de savoir que son secteur ne sera pas soumis à des incertitudes de développement (comme c'est le cas à la fois dans les nouvelles technologies et le commerce traditionnel).

- Les clients cibles étaient abondants et variés : du simple magasin jusqu'au site internet en passant par l'hypermarché.

- Nous pouvions, mon associé et moi, assumer l'investissement économique demandé pour démarrer cette franchise et survivre quelques mois sans revenus.

- Nous avions les compétences respectives pour mener à bien cette affaire contrairement à notre tentative chez « Bijou ». La vente de publicité est une compétence que je maîtrisais avec mon expérience précédente. Mon associé maîtrisait la logistique avec son expérience chez Michelin.

Tous les voyants étaient donc au vert pour que nous nous lancions dans l'aventure en achetant le camion et en rentrant dans le système de franchise, puisque la société que le vendait proposait ipso facto une franchise.

Mes conseils :

Pour paraphraser les réflexions que nous avons eues :

- Si vous avez la preuve qu'il existe un marché pour le produit ou le service que vous allez vendre.

- Si ce marché a de l'avenir à court et moyen terme (à long terme plus personne ne sait maintenant).

- Si votre cible de clients n'est pas trop restrictive.

- Si vous avez la capacité économique pour démarrer votre affaire et survivre quelque temps sans revenu.

- Si vous avez les compétences pour assumer tout seul l'organisation de votre affaire.

Alors pas besoin d'en savoir plus: foncez et faites le tout de suite !

> Plus vous attendrez, plus vous douterez et plus vous réduirez vos chances de vous lancer…

Négocier et obtenir des informations d'un fournisseur/ franchiseur

Même si vous fabriquez vous-même le produit ou service que vous allez vendre, à un moment donné vous serez confronté à un fournisseur. Que ce soit pour l'achat de la matière première ou bien carrément du produit ou service entier si votre affaire consiste à le revendre dans un autre marché, comme c'est le cas pour la franchise.

Il faut donc être préparé pour cette étape, car elle va non seulement définir vos coûts (donc rentabilité de votre business), mais vous allez aussi obtenir de précieuses informations sur la fiabilité de votre affaire.

Notre histoire nous emmène tout d'abord au sud de l'Espagne pour rencontrer le master de la franchise. Le master, c'est le représentant du franchiseur dans une région ou dans un Pays. Master cela veut dire maître, et c'est bien le cas, car il est maître de tout agissement en lieu et place du franchiseur qu'il représente.

Nous nous sommes ensuite rendus en Bretagne pour rencontrer les vrais franchiseurs : les inventeurs de ce concept.

Avant tous ces voyages, nous élaborons mon associé et moi des pages et des pages de questions. Il n'est pas question de sortir de ces deux rendez-vous importantissimes en ayant oublié d'éclaircir d'éventuels doutes : c'est notre avenir professionnel qui en découle.

C'était donc une étape clé à plus d'un titre :

- À court terme : parce que nous allions négocier le prix de vente du système et les droits d'entrée.
- À moyen voire long terme, puisque c'est le moment où l'on négocie le montant des royalties.

Voici le plan du questionnaire destiné à notre franchiseur et au master.

I. CONCEPT ET LEGALITE DU SYSTEME

II. GESTION DU MATERIEL (DANS LE CAS PRESENT : LE CAMION)

III. COMMERCIALISATION

A/ Clients

a/ Profil du client
Ses exigences

Positionnement du produit / par rapport aux clients.

b/ Stratégie commerciale

- *Profil du commercial à embaucher*
- *Système de rémunération*
- *Comment démarcher les clients*

- *Que leur offrir*
- *Agence de publicité ou en direct avec les clients*
- *Programme de discount de fidélisation*

c/ Une fois vendu

- *Rédaction du contrat*
- *Mise en marche de la campagne. Time to market.*
- *Gestion du design et de l'affiche.*
- *Approbation du design*
- *Facturation*

d/ Post vente

- *Rapports au client (à travers une carte, copie du GPS...)*
- *Proposition de nouvelles campagnes*
- *Mise en contact avec d'autres clients potentiels*

B/ Concurrents

Qui sont-ils et comment se positionner par rapport à eux ?

IV. CREATION ET PRODUCTION DES AFFICHES

Comment cela se passe-t-il pour la majorité de vos franchises ?

Quelle matière conseillez-vous ?

À quel prix d'achat ? Et de vente ?

V. GESTION DE L'ENTREPRISE

Quel type de société les franchisés créent-ils ?
Avec quel capital ?
Quel matériel ou aides, fournissez-vous ?
Logiciel de comptabilité, systèmes informatiques, système de facturation, CRM... ?

VI. CHIFFRES - CAS D'ECHECS ET DE SUCCES

Rentabilité et CA pour tous les franchisés

Exemples de franchises qui marchent ? Pourquoi ?

Exemples de franchises qui n'ont pas marché ? Pourquoi ?

Avoir les comptes de résultats dans les deux cas

VII. DROITS D'ENTREE ET ROYALTIES

Les droits sont bien par franchisé, une fois pour toutes ?
Quand les payer ?
Quels prix de royalties ?
Négociation sur le montant des royalties
Remise sur le prix de la cellule ?
Peut-on voir un contrat type de franchise ?
Négociations sur l'exclusivité territoriale

Timing : Nous aimerions avoir la livraison du premier camion en novembre. Quand faut-il le commander et signer le contrat de franchise ?

Mes conseils :

Si je devais faire une synthèse des questions-clés à poser, je dirais :

1° Qu'il est primordial d'avoir la plus ample information sur les cas de franchises qui n'ont pas marché.

2° De bien analyser les cas de franchises qui ont du succès.

Si votre situation se rapproche plus du premier cas que du deuxième, posez-vous quelques questions avant de continuer...En revanche si vous avez beaucoup de points communs avec une franchise à succès, vous êtes sur la bonne voie, vous venez de passer le « cut » !

Préparer votre lancement

L'infrastructure matérielle et légale

Pour démarrer une société, il suffit de bien peu de choses matérielles : un ordinateur, une adresse email, Internet, un téléphone et c'est tout.

Et il faut lancer en même temps la procédure pour créer légalement votre entreprise. Vous aurez le choix entre plusieurs cadres juridiques : SA, SARL, auto-entrepreneur, etc. Les conseils d'un expert-comptable seront les bienvenus pour vous orienter sur votre choix.

Vous allez aussi devoir rédiger les statuts de votre société. Sur Internet, vous trouverez de nombreux exemples de statuts que vous pourrez copier et coller en les adaptant à votre affaire.

Vous passerez ensuite par la case Notaire pour déposer les statuts.

Veillez aussi à faire rédiger un contrat privé entre vous et vos associés. Il définira noir sur blanc vos engagements réciproques autour de votre projet commun. On pense souvent que les statuts seront suffisants et on a tort de penser cela ! S'il y a un problème entre associés le contrat privé le réglera.

Pour notre entreprise :
- Nous nous sommes installés dans l'appartement de mon associé et nous ne l'avons jamais regretté. D'abord parce que le cash généré les premiers mois n'aurait jamais permis de payer un loyer. Bien au contraire être trop ambitieux aurait mis en péril la société. Cela nous a permis de travailler encore plus en dormant parfois sur notre lieu de travail pour maximiser notre temps. Tout est question de savoir séparer les deux choses. Et pour cela rien de mieux qu'une séparation physique : en réservant une pièce unique pour votre activité professionnelle.
- Nous avons choisi le statut de SARL (S.L. : Sociedad Limitada en Espagne), justement parce que comme son nom l'indique il limite la responsabilité des associés au montant de leurs apports.
- Nous avons bien rédigé un contrat privé avec l'aide d'une amie avocate.

> Résumé de mes conseils :
>
> - Pour l'infrastructure, soyez prévoyant dans l'élaboration de vos statuts et veillez à rédiger un contrat privé entre associés.
>
> - On retrouve dans les statuts de nombreuses sociétés la présence d'époux/se, de parents ou d'amis, bref de personnes n'ayant aucune activité directe au sein de la société. C'est une grave

erreur ! Si jamais vous divorcez, si jamais vous vous brouillez avec vos amis voire avec votre famille, vous regretterez d'avoir ce lien qui vous unit dans les statuts de votre société. Et si un jour votre société est rachetée, il faudra obligatoirement les mettre à la table des négociations. Je vous raconterai dans les pages qui suivent mon expérience à ce sujet.

- Soyez prudents pour vos dépenses surtout en ce qui concerne le loyer de vos bureaux. Pensez que de bien nombreuses sociétés ont démarré leur activité dans le garage de leurs fondateurs et ceci ne les a pas empêchés de triompher.

Le plan de financement

« *J'aime ma banque* », tel est le slogan d'une publicité qui passait jadis en boucle. Moi je n'ai pas aimé ma banque quand j'ai monté ma société !

Et pourtant, en 2003, en Espagne c'était « open bar » dans le domaine des crédits. Il ne faut pas se faire d'illusions : on ne vous prête que si vous avez quelque chose à mettre en gage ou à hypothéquer. C'est le cas d'une maison pour un crédit logement ou un produit pour un crédit consommation. Pour une société, comme vous êtes dans la plupart des cas à Responsabilité Limitée, les banques ne vous prêteront que modérément et jamais suffisamment. Ne comptez donc pas sur elles.

Les capitaux « risqueurs » ou autres « Business Angels » sont une autre option de financement. Mais sauf si vous avez une idée de génie, elles attendront bien sagement que votre affaire soit lancée avant de vous prêter, et elles le feront en rentrant dans votre capital. Donc pour un lancement de société ne perdez pas de temps à les contacter, vous trouverez porte close.

Restent trois autres options de financement :

<u>1° Les amis et/la famille</u>

C'est ce que l'on appelle le « love money ». Pour les mêmes raisons énoncées précédemment concernant les statuts, je déconseille vivement cette option. D'autant plus que cette fois-ci ce n'est plus une ligne sur une feuille de papier qui vous unit mais le principal responsable des guerres dans ce bas monde : l'argent ! Rien de tel comme détonateur pour mettre en péril votre relation.

2° L'état

Vous avez bien lu, l'état prête aux entreprises et il est même très généreux. Il ne le fait pas directement, mais à travers des agences, organismes, associations ou encore collectivités territoriales. Avantage de ces prêts ? En général, ils sont non remboursables ! On les appelle dans ce cas-là des subventions, mais assorties de contreparties comme, par exemple, des embauches garanties de personnel. On n'a rien sans rien !

Citons comme références pour ces généreux créditeurs : les réseaux FIR, Adie, France Active, Entreprendre et la BPI pour les projets innovants. Il y a un site de référence en France pour la création d'entreprise que vous pourrez consulter : l'APCE www.apce.fr

3° L'autofinancement

Puisque vous êtes entrepreneur, il va donc falloir aussi que vous vous autofinanciez un petit peu. Si vous sortez à peine de l'université alors votre autofinancement sera forcément limité. Si vous avez déjà une expérience professionnelle alors n'hésitez pas à investir vos deniers gagnés dans votre affaire. Cela vous donnera la plus grande autonomie (tiens tiens comme on retrouve le préfixe auto) : pas de contrepartie, pas de compte à rendre, pas d'aliénation, vous serez libre !

N'est-ce pas ce que vous cherchez en montant votre société ?

On dit que la liberté n'a pas de prix. Dans ce cas, si ! C'est le montant de votre autofinancement.

Avec mon associé, faute de n'avoir pu trouver ni banque, ni organisme prêteur, ni business angel, nous avons pratiqué l'autofinancement à 100%.

Nous avons investi plus de 60.000 € chacun dans la société soit la coquette somme de 120.000 € absorbée pour plus de la moitié par l'achat du camion. Ce fut un énorme sacrifice qui paralysa nos projets personnels pendant quelques années. Mais avec le recul le jeu en a valu la chandelle, car nous n'avons jamais eu à rendre de compte à personne.

Je le répète, la liberté n'a pas de prix.

Résumé de mes conseils :

Comme possibilité de financement, je mettrai en premier choix l'Etat à travers ses agences spécialisées. Puis tout de suite après l'autofinancement si vous le pouvez.

Évitez par tous les moyens de solliciter votre famille et vos amis. Vous ne le regretterez jamais !

Le plan marketing de votre affaire

Marketing était un mot très à la mode dans les années 80. Après avoir fait une école de commerce avec option marketing et l'avoir appliqué dans mon travail depuis bientôt 20 ans, je ne saurai toujours pas donner une définition correcte du mot ! Marketing cela veut dire beaucoup de choses à la fois. En espagnol, on le traduit par « mercado tecnica » ce qui signifie : « technique du marché » et c'est sans doute sa définition la plus juste. Le marketing est une technique qui doit nous approcher du marché auquel on aspire.

Pour préparer notre activité, nous avons tout simplement rouvert nos cahiers d'étudiants. Ces cours, qui nous paraissaient jadis si théoriques, allaient maintenant nous donner un sérieux coup de main pratique. Voici les différentes étapes de notre marketing-mix, le fameux 4 P :

<u>1° Produit (ou Service)</u> :

Cette étape consiste à bien définir le produit ou le service que vous allez offrir.

Posez-vous ces questions : qu'est-ce que je vends ? Comment puis-je décrire mon produit ou service en quelques mots pour que l'on puisse le comprendre parfaitement et rapidement. Cela paraît bien évident, mais cela ne l'est pas toujours, exercez-vous et vous verrez.

Il est fort probable que cette étape évolue avec le temps. Pour un même produit ou service vendu, vous observerez que quelques années après, sa définition et votre façon de le décrire, auront beaucoup changé. C'est une évolution essentielle pour s'adapter au marché qui lui non plus ne restera pas statique.

Il nous a fallu des semaines pour employer les bons mots pour décrire justement notre produit, description qui sera reprise par la suite dans toutes nos présentations.

Mon conseil :

Avoir bien en tête la définition et la description du produit ou service que vous allez vendre paraît si évident que l'on a tendance à négliger cette étape. Et pourtant c'est essentiel d'avoir les idées bien claires sur ce que l'on propose.

Faites appel à votre entourage avec des jeux de rôle de mise en situation. Si eux ne comprennent pas ce que vous faites et ce que vous allez essayer de vendre, alors dites-vous bien que peu d'autres personnes comprendront….

2° Prix :

Trouver le juste prix du produit ou service que vous allez vendre, cela nous rappelle un jeu télévisé, mais c'est aussi une étape fondamentale.

Le prix fixé doit bien entendu correspondre au prix que seront prêts à payer vos clients, mais aussi et avant tout, il doit correspondre à un prix qui fera que votre business soit rentable…et si ce n'est pas le cas, il n'y a plus de business qui vaille.

Pensez bien que si votre affaire n'est pas rentable au bout de la deuxième année (voire maximum la troisième année) elle ne le sera jamais. Non pas parce que le modèle d'affaire est mauvais, mais parce que vous ne tiendrez jamais aussi longtemps. Pensez que vous allez en principe faire non seulement le sacrifice d'investir vos propres deniers dans l'affaire, mais aussi ne pas toucher de salaire pour soulager votre trésorerie. Supporter une année avec des coûts supérieurs à vos recettes, c'est faisable, mais la deuxième année, c'est déjà l'année de trop, à la seule exception d'avoir derrière vous des capitaux risqueurs qui ont mis l'argent à votre place.

Pensez aussi qu'une tarification, c'est quelque chose de très évolutif. Au fur et à mesure du développement de votre affaire de nombreux réajustements de votre tarification seront nécessaires.

En ce qui nous concerne, notre tarification a connu de nombreux changements. Nous l'avons d'abord « calqué » sur les prix pratiqués par notre franchiseur en France, ce qui fut une erreur. Nous l'avons donc rapidement (trois mois après notre lancement) adapté aux particularités de notre marché et nous l'avons au passage simplifié.

Un an après le début de notre activité notre tarification a connu un nouveau virage à angle droit. Nous avons supprimé tous les petits prix qui correspondaient à une certaine cible de client pour ne proposer que des prix accessibles par des gros annonceurs, là où se situait réellement notre marché. Ce virage a permis la survie de notre entreprise (j'y reviendrai plus tard).

> Mon conseil :
>
> Il y a tellement de facteurs à prendre en compte pour établir le juste prix de vos produits ou services : concurrence, rentabilité, prix à payer par les clients…qu'il vaut mieux avancer à tâtons dans cette étape si importante pendant les premiers mois de vos affaires et surtout ne jamais rien figer.
>
> Vos produits et vos clients évoluent, il faudra donc faire les ajustements nécessaires pour que vos prix soient en phase avec eux et ceci le plus souvent possible.

3° Promotion - Publicité :

S'il est un secteur qui a vraiment changé depuis quelques années, c'est bien la façon de s'annoncer et de faire sa publicité.

A la base il y avait 5 grands supports ou medias, dits « traditionnels » :

1° La télévision : le support préféré des annonceurs puisqu'il accapare à lui seul plus de 40% des dépenses publicitaires.

2° Magazine/presse : en perte de vitesse même si les quotidiens gratuits lui avaient donné une seconde jeunesse.

3° L'extérieur : en d'autres mots, l'affichage. C'est un secteur qui est resté relativement stable. C'est dans cette catégorie que se trouvent mes camions publicitaires.

4° Le cinéma : un media plutôt boudé par les annonceurs et pourtant terriblement efficace. Bien vissé sur votre fauteuil, quand défilent les spots publicitaires, il vous est impossible de zapper. L'annonceur peut aussi cibler son audience en fonction du film visionné.

5° La radio : à qui l'on a souvent donné l'extrême-onction (avec l'arrivée de la télévision, d'Internet…), mais qui continue à survivre et même à bien se porter.

Et un grand media non conventionnel qui est le Marketing direct : principalement les prospectus que vous allez trouver dans votre boîte aux lettres.

Mais depuis dix ans Internet a tout bouleversé et s'impose comme le grand support publicitaire du présent et…du futur. La façon de s'annoncer sur internet a aussi évolué. Du Marketing direct avec l'email reçu de l'annonceur, on a évolué vers l'intrusion des annonceurs dans vos réseaux sociaux et dans vos recherches sur Google ou Yahoo.

Dans cette nouvelle jungle, choisissez donc le support le plus adapté à ce que vous vendez et à votre porte-monnaie.

En ce qui nous concerne notre problématique était originale : faire la publicité…d'un support publicitaire !

Nous avons pensé que la meilleure publicité était de s'annoncer sur son propre support. Si les gens nous voient, ils verront aussi leurs propres marques sur ce même support. C'est en plus un moyen peu onéreux de s'annoncer, n'oublions pas que nous sommes en phase de démarrage et que chaque euro décaissé compte. Nous avons donc fait fabriquer des autocollants avec notre site web que nous avons collé sur les portes du camion. Puis nous avons fabriqué des affiches très « impactantes » avec d'impressionnants yeux de hiboux d'un mètre de diamètre et la mention : « Ici ils te verront. ». Grâce à cette « autopublicité », nous décrocherons quelques clients. Cependant, cette promotion reste assez limitée, car elle reste locale : l'endroit où se déplace le véhicule. Plus tard nous découvrirons un autre moyen de nous faire connaître extrêmement efficace et peu coûteux dont je vous reparlerai.

Mon conseil :

Dans les années 70, au moment du choc pétrolier, un slogan publicitaire est devenu mythique : « En France, on n'a pas de pétrole, mais on a des idées ». Donc à défaut de gros moyens, soyez inventif pour votre propre promotion.

Ci-dessous une photo de notre « autopublicité » sur le camion de nuit :

4° Place :

En anglais, c'est « Place », plus commode car on parle des 4 P mais en français le terme correct est : Distribution.

La « Place », c'est l'endroit où vous allez rencontrer vos clients pour leur vendre votre produit ou service.

C'est donc pendant cette étape que vous allez définir votre cible de clients. Choix o combien difficile, mais encore une fois évolutif (je dirai même heureusement évolutif).

Il est extrêmement rare d'avoir, dès le début de son activité, identifié correctement sa cible de clients.

Même si vous êtes dans le cas d'une franchise, où l'on a tendance à appliquer une stratégie unique et globale, vous verrez que chaque marché est différent et nécessite une approche différente de ses clients.

J'ai un bel exemple à vous proposer, celui de Mc Donalds. La firme Américaine s'est cassé les dents pendant des années pensant que l'on pouvait faire manger à un Texan les mêmes choses qu'à un Russe ou un Chinois. Tout va mieux pour eux, depuis qu'ils ont rectifié le tir en proposant des burgers au riz au Japon, des oignons frits au Royaume-Uni, du gazpacho en Espagne et du vin en France !

Dans notre cas notre première cible de clientèle était les commerçants (petits et grands) de la zone Nord de Madrid : là où était censé circuler notre camion avec le circuit que nous avions mis en place.

Nous avons donc fait, avant de nous lancer, une simulation de notre offre (le camion publicitaire) sur papier et nous avons choisi un échantillon représentatif (petits et grands) de dix clients potentiels afin de tester leur réaction face au concept.

La réaction fut positive sur huit des dix clients testés, nous informant qu'ils seraient prêts à faire leur publicité sur notre support. C'était suffisant pour que nous nous lancions !

Nous reviendrons sur la cible de clientèle dans le chapitre lié aux problèmes commerciaux.

Mes conseils :

Il y a une phrase qui résume parfaitement la bonne stratégie à avoir en matière de positionnement client : *Think global but act local.*

> Pensez globalement, mais agissez localement pour trouver votre cible de clients.
>
> Avant de vous lancer, faites sur un échantillon représentatif de clients potentiels, des tests grandeur nature. En fonction de leur réaction, vous verrez tout de suite si vous êtes sur la bonne voie où s'il faut repenser votre business et/ou votre cible de clientèle.

5°   Je rajouterai un 5ème P à ce marketing-mix, P de Présentation.

C'est le fameux dossier (PDF ou papier) décrivant le produit ou le service, que l'on va envoyer aux clients potentiels. Avoir une bonne présentation est fondamental car c'est elle qui va vous représenter et vendre le produit en votre absence. Soyez synthétique et clair. Ne promettez pas la lune, vous perdrez toute crédibilité. Essayez d'être le plus concret possible.

De nos jours les sites web ont tendance à se substituer à ces traditionnelles présentations. C'est une erreur. On ne communique pas dans une page web les mêmes informations que dans une présentation clients. Deux poids deux mesures.

Nos présentations ont changé avec l'évolution de notre business model ce qui est assez classique. À l'origine, on ne mentionnait pas les prix, nous étions assez flous sur la description du concept et surtout nous avions peu de références à donner. Avec le temps nous nous sommes aperçus qu'il faut être le plus transparent possible en mentionnant les prix (ou des fourchettes de prix) et nous avons appris à être précis et synthétiques.

> Mes conseils :
>
> - On dit souvent qu'une image vaut 1.000 mots. Abusez donc dans votre présentation d'illustrations, car elles captiveront davantage l'attention de vos lecteurs, que de simples mots.
>
> - Ne pensez pas que votre site web peut remplacer une présentation. C'est un bon complément mais pas un substitut.
>
> - N'hésitez pas à mentionner vos prix dans vos présentations. Vous gagnerez du temps avec les prospects qui n'auront jamais le budget pour acquérir votre produit.

Le planning commercial

En anglais, on dit « failing to plan is planning to fail ». En effet ne rien planifier c'est planifier son échec !

On pourrait définir le planning commercial comme l'agenda des actions commerciales à mettre en place pour atteindre les objectifs fixés.

C'est cette action qui donnera de la visibilité à votre développement. Si le planning est respecté, et que les objectifs sont atteints, vous êtes sur la bonne voie.

Il faut donc être méthodique, organisé et réaliste, pour bien « confectionner » son planning commercial.

Je suis sincèrement convaincu que la principale difficulté lorsque l'on monte une société est de savoir « s'auto-motiver ». Il n'y a plus personne pour vous remettre en place quand vous vous endormez. C'est vous qui êtes votre propre maître. Si vous n'êtes pas discipliné, ce sera la catastrophe. D'où la nécessité d'un bon planning qui sera votre feuille de route.

Quelques conseils issus de mon expérience :

Votre planning commercial doit être à très court terme lors du lancement de votre activité, et révisé aussi souvent que possible. Un exemple pour expliquer cela : quand vous rentrez pour la première fois dans une pièce sans lumière, vous allez d'abord avancer doucement et à tâtons. La deuxième fois quand vous rentrerez dans cette même pièce sans lumière, vous irez déjà plus vite puisque vous aurez acquis quelques repères.

Il en est de même pour votre entreprise. Quand on lance son affaire, on navigue nécessairement à vue, n'ayant aucune référence passée. Il faut donc se créer ses propres références au fur et à mesure.

Au début de votre activité, pensez à élaborer un planning commercial très HUMBLE avec des objectifs REALISABLES pour ne pas dire pessimistes. Et ce pour une seule raison : si vous êtes trop ambitieux et que vous n'arrivez pas à respecter votre planning et vos objectifs, vous allez vite vous décourager.

Un planning commercial est une feuille de route, mais cela doit aussi être une source de motivation. C'est pour cela qu'il faut avancer petit à petit...

Mon associé et moi nous nous étions fixé un planning commercial très ambitieux élaboré avec l'expérience d'autres franchisés : au moins dix rendez-vous commerciaux par semaines et cinq contrats par mois. Au bout de notre troisième mois d'activité, nous avions une moyenne de cinq rendez-vous par semaine presque décrochés sous la menace (!), et un contrat par mois...à tout casser ! Nous avons donc rapidement décrété que nous allions revoir nos objectifs à la baisse et surtout faire un bilan chaque mois afin d'effectuer les ajustements nécessaires.

> Mon conseil :
>
> Fixez-vous des objectifs REALISABLES et A COURT TERME. Vous les réviserez si besoin est. Dans le cas inverse, vous vous découragerez vous-même devant l'ampleur de la tâche…

Trouver un nom commercial, un logo, un slogan…et pourquoi pas une mascotte !

Le nom commercial ou « branding » de votre produit est presque aussi important que le produit lui-même. Citons quelques exemples ravageurs qui ont été d'authentiques fiascos : la bière « Corona » a dû changer son nom avant d'arriver dans les glacières ibériques, pour s'appeler Coronita. Corona ressemble beaucoup trop à Cojones…qui veut dire attributs masculins dans la langue de Cervantes. Même cas de figure pour la Nissan Pajero dont je vous épargnerais la traduction en Castillan (c'est un geste situé en dessous de la ceinture). Au chapitre des succès des noms commerciaux citons : Polaroid, Frigidaire, ou même Kärcher (si cher à notre ex-président) car ces marques sont devenues synonymes du produit qu'elles commercialisent.

On notera aussi que de nombreuses entreprises n'ont pas hésité à changer de nom, officiellement pour marquer une nouvelle stratégie, officieusement parce que leur branding nécessitait un sacré coup de jeune.

Il faut bien reconnaître que Vivendi et Véolia c'est quand même plus sexy que la Compagnie Générale des Eaux. Même remarque pour la Société Générale d'Entreprise devenue Vinci en 2000.

On remarquera aussi que pour ces sociétés le V (de victoire) est de rigueur !

Dans notre cas, notre société n'est pas anonyme (!) elle s'appelle **Publimovida S.L.** Et c'est aussi son nom commercial. **Publi** pour « publicité », **movida** pour mouvement, mobilité, action. *Movida,* c'est aussi un clin d'œil au mouvement culturel créatif qui a touché l'ensemble de l'Espagne au début des années 80. Mouvement qui a vu l'éclosion d'artistes renommés tels qu'Almodovar, Antonio Banderas, le groupe Mecano et Miguel Bosé entre autres.

C'est mon associé qui avait trouvé ce nom, après quelques semaines de brainstorming.

Vous allez aussi devoir trouver un logo. C'est aussi une étape importante et urgente, car vous placerez ce logo dans toutes vos correspondances : lettre à en-tête de votre entreprise, carte de visite, signature d'email, factures, etc.

En général les logos sont soit associés au nom de votre entreprise, soit directement en rapport avec votre activité.

Pour Publimovida nous avions trouvé un accord intéressant : faire faire gratuitement notre logo par une étudiante en graphisme, qui en compensation a utilisé notre référence dans son CV comme première création.

Elle a fait du très bon travail ! Voici notre logo qui est directement incrusté dans le nom de notre entreprise :

Sur fond blanc :

Trouver un slogan accrocheur fait également partie des étapes clés de votre marketing. Même si le produit ou le service que vous vendez est « sérieux », un slogan sera toujours d'une efficacité redoutable pour attirer l'attention de vos clients potentiels. Le but est de trouver une phrase accrocheuse qui identifiera immédiatement votre entreprise. Cette phrase peut être drôle ou poétique, mais elle se doit d'être courte et agréable à répéter.

Les exemples de slogans efficaces sont multiples. Citons ceux qui sont restés dans notre mémoire collective…de consommateurs :

La pile Wonder ne s'use que si l'on s'en sert

Buvez, éliminez (Vittel)

Du pain, du vin, du Boursin

Que tous ceux qui aiment la Danette se lèvent

Lapeyre, y'en a pas deux

I'm loving it (McDonald's)

C'est de la dynamite (Ovomatine)

Parce que vous le valez bien (l'Oréal)

Dior, j'adore

Une idée originale est d'ajouter une mascotte à votre marque commerciale. Une mascotte permet une identification rapide et sert à humaniser une marque, même si cette humanisation se fait souvent à travers…un animal ! Ce qui est un joli paradoxe.

 Citons le Bibendum pour Michelin, l'écureuil pour la Caisse d'Epargne, la vache qui rit pour les fromages du même nom ou encore Ronald pour McDonald, comme exemples les plus connus et réussis. On notera aussi qu'ils ont traversé le temps et les générations, ce qui est la confirmation de leur efficacité.

Pour Publimovida, notre mascotte ce sont les yeux de hiboux qui symbolisent notre slogan : « ici (sous-entendu sur ce support) ils te verront ».

Mes conseils :

Pensez à trouver un nom commercial prononçable dans les langues les plus parlées. Si aujourd'hui votre unique marché est la France, demain ce sera peut-être l'export qui fera vivre votre société.

Pour votre logo faites un appel d'offres dans une école de design en échange d'une référence (ou d'un stage). Ce sera un excellent win-win pour les deux parties.

Un slogan efficace peut également être un redoutable outil pour illustrer votre activité. On oublie parfois les marques, mais on se souvient toujours des slogans.

Penser aussi à l'opportunité d'accoler une mascotte à votre nom commercial. C'est un sacré antidote contre l'oubli et il possède la vertu « d'humaniser » votre produit.

Votre présence sur la toile

1° Le site web

Il y a quelque temps avoir un site web était un « Nice-to-Have » maintenant c'est devenu un « Must-Have ». C'est la vitrine de ce que vous faites et cela rassure vos futurs clients. Même si vos ventes ne sont pas issues directement de ce site et même si vous avez une activité aux antipodes des nouvelles technologies (tel qu'un commerce traditionnel), vous devez avoir un site web même s'il est basique.

Dès la création de votre entreprise, envisagez donc de créer votre site. Son élaboration sera aussi une excellente façon de prendre du recul par rapport à l'activité que vous exercez.

Et comme toujours, essayez d'être le plus explicite possible quant à l'explication de votre activité sur votre site.

Combien de fois avez-vous parcouru un site web sans arriver à comprendre ce que faisait l'entreprise et ce qui était proposé ? Si un enfant comprend ce que vous faites en venant sur votre site, c'est que vous avez réussi ! J'exagère à peine...

Un bon complément de votre site est le blog. L'avantage est que son actualisation est beaucoup plus simplifiée. Un blog, ça sert avant tout à publier une annonce sur votre entreprise : un nouveau produit, une promotion, un nouvel accord, une nouvelle embauche, etc. Annonce qui sera ensuite relayée et distribuée de façon exponentielle sur les réseaux sociaux.

Notre site web fut un modèle de simplicité :

-Une page d'accueil présentant le support avec une animation flash

-Trois PDF téléchargeables montrant des exemples de campagnes

-Un numéro de contact et un email.

Voici notre blog malheureusement peu actualisé : http://publimovida.blogspot.com.es/

Mon conseil :

Pensez à élaborer un site avec des explications simples sur ce que vous proposez.

Soyez maître de votre « code source » : c'est-à-dire qu'il faut que vous négociez avec le développeur de votre site pour que vous puissiez vous-même actualiser son contenu. Ce sera un important gain de coût et surtout ceci vous permettra une plus grande flexibilité pour adapter votre site web lorsque votre business model évoluera.

2ème *Les Réseaux sociaux*

On en revient à la même réflexion que pour le site web. Etre présent sur les réseaux sociaux est devenu un « Must-have » pour n'importe quelle entreprise.

Mais au fait ces réseaux sociaux, qui sont-ils ?

Appliqués au monde de l'entreprise, il y en a trois intéressants :

-Facebook : Au lieu d'une personne ce sera le nom de votre entreprise. Vous pourrez ainsi ajouter comme « amis » vos clients et contacts et relayer sur votre mur les annonces que vous souhaiterez communiquer.

-Twitter : Vous twitterez ainsi vos réflexions comme porte-parole de votre entreprise. C'est aussi un moyen de relayer une information d'importance concernant votre activité.

-Linkedin : Là aussi, il faudra créer un compte d'entreprise. Ce réseau social est plus une présentation formelle de votre activité qu'un moyen de « distribuer » les informations sur votre société.

De ces trois réseaux sociaux Linkedin est le plus « respecté » et le plus utilisé dans le monde de l'entreprise. Facebook, et Twitter, sont plus catalogués comme des réseaux sociaux à usage privé bien que les entreprises les utilisent de plus en plus pour faire leur publicité.

Quid des autres réseaux ?

Citons Viadeo comme une alternative similaire à Linkedin quoique bien moins utilisé. Et maintenant Instagram qui fait une percée remarquable auprès des jeunes et des moins jeunes…

Votre présence sur les réseaux sociaux demande à la fois du temps et du contenu : c'est-à-dire qu'il faut avoir quelque chose à raconter.

Pour ce qui est du temps, vous avez deux options : soit le faire vous-même, soit le sous-traiter à un « community manager ». C'est un spécialiste qui relaiera les informations que vous allez lui communiquer sur les réseaux sociaux.

Pour ce qui est du contenu, vous avez le choix : communiquer une promotion, un recrutement (à venir ou déjà fait), la signature d'un accord, l'ouverture d'un nouveau bureau, d'un nouveau magasin, le lancement d'un nouveau produit, etc.

En ce qui concerne Publimovida, je dois confesser que la société est complètement absente des réseaux sociaux. C'est un parfait : « faites ce que je dis mais pas ce que je fais » ! Mais ceci s'explique par un nouveau business model sur lequel je reviendrai plus en détails dans quelques pages.

Mon conseil :

Les réseaux sociaux sont facilement « apprivoisables », il suffit juste d'un peu de pratique, c'est ce que l'on appelle le *Learning by doing*. Je vous conseille donc de gérer cet aspect vous-même plutôt que d'engager des frais dans une sous-traitance du moins au démarrage de votre activité.

Je vous fais le pari que vous prendrez goût à la gestion de cette activité et que sera même un bon divertissement.

Lancement de l'activité

Les premiers appels

On entre dans le vif du sujet. Notre produit ou service est en place, nous lui avons même trouvé un nom. Notre site web est lancé, les présentations sont imprimées. Nous sommes parfaitement capables de décrire ce que vous allez vendre. Nous nous sommes fixé des objectifs réalisables et à court terme. Nous avons bien identifié nos acheteurs potentiels.

Vous avez donc suffisamment de préparation, maintenant il faut se lancer ! De toute façon : *Si vous attendez toujours d'être prêt, alors vous allez attendre tout le reste de votre vie !* Ce n'est pas moi qui le dis mais l'écrivain Lemony Snicket pour la petite histoire.

Dans le cas où votre affaire ne nécessiterait pas de démarche commerciale spontanée (quelle chance !), vous n'aurez pas à faire du phoning pour vendre. Cela dit, appeler vos premiers clients pour tester leur feedback, est un autre exemple de phoning tout aussi fondamental puisque c'est une mine d'informations.

Un phoning efficace se prépare comme un rendez-vous. Il faut que vous ayez bien en tête l'objectif de votre appel et la façon d'arriver à cet objectif, c'est-à-dire votre argumentaire.

Le phoning est du reste une action encore plus compliquée qu'un rendez-vous. Tout d'abord parce que vous disposez de moins de temps et ensuite parce que vous ne pouvez convaincre qu'avec ce que votre interlocuteur entendra de vous. Si vous êtes une jolie fille, votre physique sera bien inutile. Si vous avez de grandes qualités dans votre gestuelle, au téléphone, elles ne se verront jamais.

Il faut donc être efficace avec sa voix…et cela, ça se travaille !

Pour faire un phoning efficace, il faut avant tout avoir du calme autour de soi. Veillez donc à passer ces coups fils quand vous êtes seul : rien de pire que d'être écouté puis jugé une fois le téléphone raccroché, même si la personne qui est autour de vous n'a rien à voir avec votre affaire.

Il faut aussi bien choisir le moment : évitez d'appeler un lundi matin, un vendredi après-midi ou encore une veille ou un retour de jour férié. Dans tous ces cas, vos interlocuteurs (comme vous-même d'ailleurs) ont déjà la tête dans leurs loisirs ou sont débordés par l'activité de leur rentrée.

Il faut ensuite bien soigner son introduction : rien de mieux que de commencer votre phoning par une recommandation du type : « *je suis un ami de…qui vous connaît et qui m'a conseillé de vous appeler* ». Cela va rassurer votre interlocuteur et lui permettra de vous accorder plus d'attention.

Si vous n'avez pas de recommandation, commencez par flatter votre interlocuteur avec des phrases du type « comme vous êtes le plus important ou le meilleur…. de la région, j'ai pensé qu'il fallait absolument que je vous appelle ». Même si cette flatterie est exagérée, vous allez toucher l'ego de votre interlocuteur et, à défaut de toucher son ego, vous l'entraînerez sur le terrain de l'humour : dans tous les cas l'objectif sera atteint !

Il faut ensuite soigner son argumentaire : soyez le plus clair et le plus précis possible. Vos interlocuteurs apprécieront ainsi votre professionnalisme et ils auront envie de faire des affaires avec vous.

Pensez à être enthousiaste : l'enthousiasme est très contagieux, vous emballerez ainsi plus facilement votre interlocuteur. Si vous êtes dans un jour « sans » alors évitez à tout prix de passer des appels. Efforcez-vous aussi d'être souriant : on dit que sourire au téléphone, cela se voit !

Sachez écouter votre interlocuteur et n'ayez pas peur de poser des questions. Si votre interlocuteur ne veut pas y répondre, il vous le dira rapidement.

N'oubliez pas que chaque appel est une mine d'informations, prenez donc soin de noter TOUT ce que vous avez entendu juste après votre coup de téléphone. Si vous attendez quelques minutes vous allez nécessairement oublier de précieux détails.

Si votre objectif est avant tout de prendre un rendez-vous, il faut être ferme et très rapidement proposer une date et une heure sans donner l'occasion à votre interlocuteur de changer d'avis.

Vous n'êtes pas les seuls à essayer de décrocher un rendez-vous et la différence se fait sur peu de choses. Celui qui aura le plus vite « dégainé » aura le mot de la fin....Veillez aussi à ne pas donner trop d'informations auquel cas le rendez-vous n'aurait plus lieu d'être.

Soignez également la conclusion de votre appel par une formule de politesse et un rappel de l'objet de votre coup fil : *« Merci beaucoup Monsieur Marchand de m'avoir écouté, on se voit donc demain dans vos locaux à 15h30, A demain ! »*.

Enfin, pensez à vous récompenser chaque fois que vous réussirez à atteindre l'objectif de votre phoning. C'est peut-être anodin, mais cela y fait beaucoup au niveau de l'estime personnelle et de la fameuse auto-motivation dont je vous parlais précédemment.

Je me souviendrai toujours des premiers appels passés pour contacter nos clients potentiels. Je m'étais préparé mentalement comme un véritable sportif, si ce n'est qu'avec les trois cafés avalés avant de décrocher le combiné, j'aurais probablement été positif à la caféine au contrôle antidopage ! Pour être enthousiaste, ça je l'étais…

J'utilise toujours (pour ne pas dire abuse) de l'humour comme principal outil pour être efficace dans mes appels. De nos jours on a de moins en moins l'occasion de sourire et encore moins dans le monde de l'entreprise. Alors si vous pouvez faire rire votre interlocuteur, vous le mettrez dans votre poche.

Je suis aussi devenu très méticuleux pour bien noter le compte rendu de mes appels. C'est tellement important d'être discipliné quand on est son propre chef.

Et en ce qui concerne la récompense dont je ventais les mérites, comme je suis fan de sport, dès que je réussis à noircir mon agenda je m'accorde toujours pendant 5 minutes la lecture de mon quotidien préféré : *L'Equipe*.

Mes conseils :

Pour un phoning efficace, je citerai les mots-clés suivants :

- Calme autour de soi et moment opportun (évitez les lundis matin…).

- Ayez bien en tête l'objectif de votre coup de fil et votre argumentaire pour atteindre cet objectif.

-Soignez votre introduction par une recommandation ou une note d'humour.

- Soyez clair, net et précis.

- Soyez enthousiaste.

- Sachez écouter votre interlocuteur et posez les bonnes questions.

- Notez tout de suite le compte rendu de votre appel.

Et, si l'objectif est atteint, alors… RECOMPENSEZ-VOUS ! Vous l'aurez bien mérité.

L'efficacité de vos rendez-vous commerciaux

Des études scientifiques démontrent que l'on se fait une opinion sur une personne en moins de 30 secondes. Vous avez donc peu de temps pour mettre toutes les chances de votre côté...

La première chose sur laquelle on va vous juger c'est votre apparence. Un dicton espagnol dit que *La femme de César ne doit pas seulement être honnête, elle doit aussi le paraître.*

Chaque personne a son style vestimentaire et il est impossible de plaire à tout le monde, mais avec un look « standard », on limite quand même les risques...

Soyez agréable avec tout le monde dès que vous rentrerez dans les locaux de vos prospects. On se souviendra de vous. Soignez également votre relation avec la secrétaire du gérant ou de votre interlocuteur. C'est elle qui vous aidera peut-être à décrocher un deuxième rendez-vous.

En ce qui concerne la forme de votre speech : lors d'un séminaire sur la communication, gracieusement offert par mon ex-employeur, j'avais retenu que dans un message à transmettre, les mots ne comptent seulement que pour 7%. Les gestes eux se taillent la part du lion avec 55% et le ton de voix suit avec 38%. Cela ne veut pas dire qu'il faut exagérer en gesticulant comme un moulin, mais mieux vaut penser à argumenter ses mots par des gestes expressifs et un ton de voix adéquat. Vous serez ainsi plus efficace.

Pour ce qui est du contenu de votre discours : à l'image du phoning, il faut être clair net et précis et avoir un plan d'argumentation bien défini.

Entraînez-vous et faites-vous aider avec des jeux de rôle. Il n'y a rien de tel pour progresser. C'est comparable à une activité sportive : plus on pratique, plus on s'améliore.

J'ai travaillé pour une société qui obligeait ses employés à apprendre par cœur son speech avant un rendez-vous. J'ai d'abord trouvé ce bachotage ridicule, puis avec la pratique, je me suis rapidement rangé dans le camp de mes employeurs en découvrant l'efficacité du procédé.

À l'instar du phoning : faites le compte rendu de votre rendez-vous tout de suite après l'avoir eu : la puissance de l'oubli ce n'est pas une légende !

Enfin, pensez à remercier votre interlocuteur par email très peu de temps après votre rendez-vous (le lendemain par exemple). Cela vous permettra de vous rappeler à son bon souvenir : il faut battre le fer quand il est chaud !

Pour conclure, sachez apprécier le temps que votre interlocuteur vous a consacré durant vos rendez-vous, car justement ce temps-là, jamais il ne le récupérera…

Mon conseil :

Une méthode infaillible : pensez à la difficulté que vous avez eu pour décrocher un rendez-vous important, cela vous obligera et vous motivera à bien le préparer !

La vente

Il y a une différence entre le rendez-vous commercial que nous venons de voir, et la vente à proprement parler. Un rendez-vous commercial ne se limite pas simplement à la vente, il peut du reste n'avoir aucun rapport avec elle.

Si vous avez monté une entreprise, vous allez nécessairement vendre quelque chose, que ce soit un produit ou un service. Et même si vous n'êtes pas un vendeur né, avec un peu de pratique et beaucoup de patience, vous pouvez devenir un excellent vendeur si vous croyez en ce que vous faites.

Citons tout d'abord une vérité : la vente est le fruit d'une décision émotionnelle.

D'accord il y a un besoin pour votre produit ou service de la part de l'acheteur mais le contexte et les circonstances de cette vente sont tout aussi importants. Et dans ce contexte et ces circonstances, il y a vous : le vendeur.

On achète votre produit, mais avant tout, on vous achète vous ! Dans mon ex-job où la vente se faisait au niveau dirigeant d'entreprise tous les vendeurs étaient des vendeuses, car nous vivons dans un monde machiste où 95% des dirigeants d'entreprise sont des hommes…et, par conséquent, une vendeuse sera toujours plus efficace face à un homme.

A défaut d'être une femme, il faut que vous « plaisiez » à votre acheteur ! C'est la condition sine qua non pour le convaincre. Il faut que vous lui plaisiez : grâce à votre argumentaire, grâce à la façon de vous comporter, grâce à votre façon de l'écouter, grâce à votre façon de flatter son ego, de le faire rire, de le convaincre.

La vente est une entreprise de séduction même entre deux personnes du même sexe, tous les grands vendeurs vous le confirmeront ! Il y a un intérêt pour votre produit ou service, mais le vendeur fait partie intégrante du packaging.

Soyez-en donc bien conscient : un produit ou service aussi utile soit-il, ne se vend JAMAIS tout seul.

Je voudrais aussi vous faire partager les deux règles d'or fondamentales pour devenir un brillant vendeur :

1° Il faut toujours être optimiste malgré le manque de résultats. Avec la patience et le travail dur, le succès finira forcément par arriver (même si votre produit est invendable !).

2° Il faut toujours être humble quand les premiers résultats arrivent.

Je pense même que la deuxième règle d'or est encore plus difficile à respecter que la première. On dit qu'il y a deux traits qui définissent une personne : sa patience quand elle n'a rien et son attitude quand elle a tout.

Une personne en proie à des difficultés est toujours plus avide de connaissances, justement pour se sortir de ses difficultés. Et elle est aussi plus humble. Par contre, lorsque le succès arrive, on a souvent l'impression que l'on n'a plus rien à apprendre et on devient souvent imbu de soi-même, spécialement dans les métiers commerciaux.

C'est un dérivé de la fameuse théorie de Maslow sur *la hiérarchie des besoins de l'accomplissement en soi.*

En côtoyant des « grands vendeurs » j'ai constaté la même humilité, la même soif d'apprentissage et aussi le même optimisme. Un grand vendeur n'est jamais devenu brillant du jour au lendemain. Avant il a dû « galérer », essuyer des défaites, mais comme il a gardé son optimisme en sachant qu'un jour il réussirait, il a serré les poings et n'a jamais cessé d'apprendre pour enfin dominer son sujet et rencontrer le succès.

C'est si simple à décrire mais tellement difficile à mettre en pratique…

Une autre caractéristique que j'ai pu constater chez les grands vendeurs c'est qu'ils ne donnent jamais l'impression d'un manque de confiance en eux. Au fond d'eux ils sont peut-être terrorisés, mais cela ne se voit jamais ! Ils vont toujours renvoyer l'image d'un « winner », de quelqu'un qui réussit ce qu'il entreprend. C'est l'art de contrôler l'image que les autres vont avoir de vous.

J'aime mieux faire envie que faire pitié : c'est une amie avec d'impressionnants résultats commerciaux qui m'a un jour rappelé ce proverbe. Il est resté gravé dans ma mémoire…

Un autre fait à méditer : les meilleurs vendeurs ne font pas une chose 100% mieux que les autres, mais ils font 100 choses 1% mieux que les autres.

Soyez donc attentifs au moindre détail et pensez sans cesse à vous améliorer sur absolument tout : votre argumentaire, votre voix, votre tenue vestimentaire, la façon de vous présenter, votre façon de dire au revoir, votre façon d'entrer dans le bureau de votre interlocuteur… tout compte !

Et pour clore ce paragraphe, sachez écouter votre interlocuteur. Non seulement pour une question d'éducation mais aussi parce que vous allez obtenir de sa part des informations qui se transformeront en arguments de vente.

Je n'ai jamais été un As de la vente, loin de là, mais en travaillant dur et en appliquant les concepts énoncés précédemment j'ai tout de même réussi à vendre plus de 400 contrats de publicité et autres en dix ans de Publimovida. C'est quand même une preuve que ces théories fonctionnent ! Je vous le disais en avant-propos : *Un conseil sans exemple est comme une traite sans aval….*

Résumé de mes conseils :

Pour être efficace dans la vente :

- Faites comme si vous alliez conquérir votre interlocuteur.

- Gardez un optimisme à toute épreuve, la roue finira par tourner en votre faveur.

- Soyez humble quand les résultats arriveront. Dans le cas contraire, vous cesserez de progresser.

- Essayez de renvoyer l'image d'une personne qui réussit, même si ce n'est pas toujours le cas…

- Ayez toujours soif d'apprentissage et « d'amélioration ».

Recruter du personnel

Il n'est de richesse que d'Homme écrivait Saint-Exupéry. Le succès d'une entreprise est dû aux personnes qui en font partie, cela ne fait aucun doute. Vous pouvez avoir le meilleur produit du monde ou être dans le marché avec le plus grand potentiel, si vous n'avez pas la bonne équipe, vous ne réussirez jamais.

Un recrutement judicieux est par conséquent l'une des étapes clés dans le développement de votre entreprise.

Est-ce le bon moment pour recruter ?

Telle est la première ``bonne´´ question à se poser. Il faut se demander si l'on a vraiment besoin de cette embauche et, si c'est le cas, si on a les moyens à court terme, mais aussi à long terme, de la financer. Vous êtes en phase de démarrage, chaque euro dépensé compte. D'autre part, il ne faut jamais oublier qu'une embauche, même en CDD, est un engagement sur la durée mais surtout sur la personne. Ces réflexions vous paraissent peut-être évidentes cependant les entreprises ne les appliquent pas toujours.

Une fois que vous avez décidé de faire le pas, la deuxième étape élémentaire consiste à bien définir le poste à pourvoir, c'est ce que l'on appelle la « job description ». Elle se résume en une liste des tâches que devra exécuter la personne que vous souhaitez recruter, tel que « *vous serez en charge du développement des ventes sur le marché français…* »

La troisième étape consiste à dresser le portrait-robot du candidat idéal. C'est ce que l'on appelle le « Profil recherché ». Voici un autre exemple : « *De formation supérieure commerciale ou technique, vous justifiez d'une expérience significative en développement commercial d'au moins 10 ans. Vous disposez impérativement d'un niveau courant d'anglais…* ».

Pendant la quatrième étape, vous décrirez ce que vous êtes prêt à offrir : intitulé du poste, salaire et conditions.

Tout ce que je viens de vous énoncer peut vous paraître extrêmement banal et élémentaire, mais une petite piqûre de rappel ne fait jamais de mal surtout lorsque l'on est sur le point de se transformer en chasseur de têtes novice !

Reste à trouver le bon moyen pour diffuser votre annonce. À ce niveau-là, le modus operandi a complètement changé ces dernières années. Les nouvelles technologies et les réseaux sociaux sont pour beaucoup dans ce bouleversement.

Commencez donc d'abord par diffuser votre annonce sur les pages Facebook/Linkedin, et Twitter de votre société. Ce sera le moyen le plus rapide et le moins coûteux. Si vous n'avez pas de résultat convaincant pour pouvez faire appel à des sites on-line. Là encore ce sera gratuit (en principe). Sinon vous avez aussi les voies traditionnelles : pôle emploi, l'annonce dans la presse ou le cabinet de recrutement.

Le mode de diffusion de votre annonce dépend beaucoup du poste à pourvoir. Si c'est un community manager que vous cherchez, allez uniquement vers les réseaux sociaux. Si en revanche vous cherchez un manutentionnaire pour votre usine alors mieux vaut se tourner vers pôle emploi.

Ensuite viendra la phase des entretiens. Et sur ce point mon principal conseil est de juger **l'attitude plus que l'aptitude**. Si votre candidat manque un peu d'expérience pour le poste requis (toutes proportions gardées) ce n'est pas si grave, vous allez le former. Par contre, si l'attitude n'est pas au rendez-vous, alors ce sera mission impossible. Il existe un dicton à ce propos : *Si vous n'avez pas l'intention d'apprendre, personne ne peut vous aider. Si vous êtes déterminé à apprendre, personne ne peut vous arrêter.*

Mais comment juger une attitude ? À la spontanéité de la personne, à son intérêt et à son enthousiasme pour le poste. Il y a des signes qui ne trompent pas !

Mon deuxième conseil est de prendre votre temps pour vos recrutements et d'impliquer tous les associés. Cette fois-ci il n'est plus question de répartir des tâches : avant d'embaucher, tous vos associés doivent avoir rencontré le candidat au moins une fois. Ils vont peut-être voir des aspects de cette personne que vous n'aviez pas décelé.

Enfin, mon dernier conseil est de maintenir au moins deux, voire trois candidats jusqu'à votre décision finale et la signature du contrat. Dans le cas contraire si jamais la personne que vous avez choisie refuse au dernier moment, vous serez obligé de recommencer le processus de sélection depuis le début.

Pour en revenir à Publimovida, étant donnée l'essence de notre activité : la circulation à temps plein d'un véhicule publicitaire, l'embauche d'un chauffeur est devenue une priorité dès le démarrage de notre société.

La job description fut assez basique : circulez toute la semaine selon un circuit prédéfini. Pas vraiment le travail le plus compliqué !

Le profil requis : permis de conduire, expérience comme chauffeur et résidence dans la zone nord de Madrid (là où se trouvait le parking de notre camion). Nous offrions un salaire légèrement supérieur au SMIC espagnol de l'époque et un contrat à durée indéterminée.

Une annonce à l'ANPE de Madrid et nous recevons cinq candidatures. Nous en écartons rapidement trois pour un manque d'expérience en tant que chauffeur, pour n'en retenir que deux en short list. Ils ont un profil totalement différent, bien qu'ayant tous deux en commun le fait d'être des chômeurs de longue durée. L'un, plus commercial que chauffeur, nous parle de commissions s'il parvient à vendre des campagnes de publicité ! Pas vraiment le profil que nous recherchons. Nous avons besoin d'un chauffeur, pas d'un commercial. L'autre candidat, beaucoup plus modeste, nous dit qu'il n'a dans sa vie que son animal de compagnie (un chien) et qu'il désespère de ne pas trouver de travail. Nous sommes attendris par le discours du second et nous l'embauchons.

Trois semaines après le début de notre activité, notre chauffeur se gare momentanément sur un trottoir afin de redresser une affiche qui s'était écroulée. En repartant il ne voit pas un camion qui frôle ce même trottoir et…c'est l'accident.

La partie arrière de notre camion est partiellement déchirée. La vitre droite rayée, le rétroviseur du passager défoncé.

J'appelle mon associé à la rescousse. Il faut trouver un réparateur le plus rapidement possible (nous sommes en pleine campagne et nos clients ne doivent pas savoir que le camion est hors d'usage). Nous en trouvons un sur-le-champ.

Notre chauffeur en plein doute, se garant chez le garagiste de fortune, en profite pour enfoncer la carrosserie de la voiture de ce dernier, dans une malencontreuse manœuvre.

Ce n'était pas son jour….ni le nôtre d'ailleurs.

Avec sa facture de réparation, le carrossier fait aussi un constat, ce qui nous coûtera de ne plus pouvoir assurer notre camion en « tous risques » l'année suivante. Et ça c'est un gros risque pour un camion qui circule 40 heures par semaine !

En sortant du garagiste mon associé s'énerve et renvoie notre chauffeur dans ses pénates. Ce soir avec le recul de la journée, nous allons prendre une décision quant à son sort.

Que va-t-il devenir après ce nouvel échec si nous le renvoyons au chômage, lui qui était un chômeur de longue durée ? Tout le monde a le droit à une deuxième chance après tout. Mais que cet accident lui serve de leçon pour faire encore plus attention. La prochaine fois, il n'aura plus droit à l'erreur. Ainsi, il comprendra qu'il tient entre ses mains le volant d'un précieux camion mais aussi son emploi. Telles sont nos conclusions. Nous le gardons donc avec nous.

Le chauffeur m'avouera quelque temps plus tard qu'il souffre de problèmes de dépression.

Mes conseils pour vos recrutements :

- Jugez davantage l'attitude de vos candidats que leur aptitude.

- Ne soyez pas seul à prendre la décision d'embauche.

Et plus tard dans vos relations avec vos employés : soyez humain, mais s'il y a une faute grave, ne vous laissez pas attendrir et prenez les décisions qui s'imposent.

Ne pas en prendre fut peut-être notre erreur. Dans les pages suivantes vous découvrirez pourquoi...

Utiliser son carnet d'adresses

Quand on monte une société, on est bien seul, mais une connaissance peut devenir un allié stratégique étant donné son emploi. On a souvent du mal à mélanger amitié et opportunités professionnelles, mais pensez bien que si un ami ne peut pas vous donner un petit coup de main à un moment de votre vie, alors qui le fera ?

Il en est de même pour les membres de votre famille.

Informez donc tous vos contacts de la création de votre entreprise en ratissant très large : Association des anciens de vos école/université, vos anciens collègues de travail, vos contacts sur Linkedin / Viadeo / Facebook et autres réseaux sociaux.

Tout le monde doit être au courant !

Et si ce n'est pas votre style de faire parler de vous et de taper à toutes les portes, souvenez-vous du dicton : *Si vous voulez quelque chose que vous n'avez jamais eu, vous allez devoir faire quelque chose que vous n'avez jamais fait !*

Pour en revenir à ma propre expérience, étant diplômé d'une Ecole de Commerce International, j'ai tout de suite contacté tous les anciens de mon école présents à Madrid. J'ai même créé une association les regroupant et que nous avons appelée : *L'auberge espagnole de l'ESCE*. Je n'ai pas eu de nouveaux contrats grâce à cette association, mais j'ai eu des rendez-vous qui m'ont permis d'avancer en obtenant de précieux feedback sur la perception du support.

Mon associé et moi nous avons aussi informé tous les membres de nos familles de nos nouvelles activités à travers une carte de vœux originale présentant le camion publicitaire. En la recevant mon beau-frère m'informe qu'un de ses bons copains est sous-directeur d'un hypermarché Leclerc au fin fond de l'Espagne, qui va ouvrir d'ici peu.

Je le contacte sur le champ par téléphone et saute dans ma voiture pour avaler les 600 kilomètres qui me séparent de ce prospect à potentiel. Il me confirme qu'il cherche bien à faire la promotion de l'ouverture de cet hypermarché.

Et bien qu'il ne cherche plus, il vient de trouver !

Notre camion publicitaire sera idéal pour communiquer la bonne nouvelle en circulant dans les villages et les villes cibles de son magasin.

Il demande à réfléchir et me rappelle une semaine après pour m'annoncer…que c'est avec nous qu'ils feront la promotion de son hypermarché. Bingo !

Ce sera le premier gros contrat de Publimovida.

Et tout cela grâce à une carte de vœux et surtout grâce à mon beau-frère... *Famille, je vous aime !*

Mon conseil :

En plus de vos contacts sur les réseaux sociaux, faites une liste de vos amis, parents et autres connaissances qui avec leurs activités professionnelles pourraient éventuellement vous aider. Vous verrez certainement des acheteurs potentiels de votre produit ou service parmi eux.

Trouver un mentor

Si jeunesse savait, si vieillesse pouvait... Pour commencer votre affaire rien de mieux que d'avoir les conseils d'un « sage ». Une personne qui vous prendra sous son aile, vous donnera son avis sur vos choix et vous transmettra son savoir. Comme un *Jedi* quoi ! Cela peut être un oncle, un père, un grand-père ou une simple connaissance. Si votre mentor est un entrepreneur, ce sera encore mieux mais ce n'est pas indispensable. L'important est que cette personne soit expérimentée et qu'elle soit plus âgée que vous.

C'est une théorie qui n'est plus à démontrer : plus on est jeune, moins on sait, mais plus on croit savoir ! Ce n'est pas moi qui le dis, mais Jean Gabin dans sa célèbre chanson : « *Toute ma jeunesse, j'ai voulu dire je sais, je sais...* ».

Rien que d'écouter ce mentor vous fera avancer, et petit à petit vous aurez de moins en moins besoin de lui...

Dans ma vie, j'ai connu plusieurs mentors : mon père, mon beau-père, un oncle, mon grand frère et même mon associé. Ces personnes m'ont aidé à progresser et ont conforté mes choix professionnels. Mais plus que leurs conseils, c'est le récit de leurs propres expériences qui est le plus enrichissant, car je fais en sorte qu'elles se « calquent » sur mes problématiques. Et en écoutant le dénouement de leurs histoires j'essaye d'anticiper ce que pourrait m'arriver...

Je les consulte encore souvent lorsque je dois prendre des décisions importantes.

> Mon conseil :
>
> Faites cet exercice : souvenez-vous de vous il y a juste un an et posez-vous la question : étais-je la même personne ?
>
> Bien sûr que non ! Vous avez évolué grâce à l'expérience de la vie et de ces 365 jours écoulés depuis. Vous comprendrez ainsi l'utilité de consulter parfois un « sage » qui vous fera partager son expérience des années passées...

Apprendre à maximiser son temps et optimiser ses coûts

Lorsque l'on monte une entreprise dans 99% des cas :

- On manque de temps.

- On manque de moyens.

Mais tout n'est pas perdu, car une organisation au cordeau vous permettra de maximiser votre précieux temps et d'optimiser vos coûts. Voici quelques conseils :

Optimiser votre administration interne

On appelle souvent un gérant de société « administrateur » et ce n'est pas pour rien ! Quand on monte une entreprise, on ne s'imagine pas ce que son administration peut représenter. Voici une liste non exhaustive des différentes tâches et documents auxquels il faut penser :

- Bons de commande, contrats, Conditions Générales de Vente.

- Facture

- Fiches de paie

- Paiement des cotisations sociales et salariales (Urssaf)

- Notes de frais

- Déclarations de TVA

- Déclarations d'impôts

- Bilans

- Comptes de résultat

Avec un peu de pratique, vous pouvez vous en sortir, mais mon principal conseil est de faire tenir votre comptabilité (vos bilans, comptes de résultat, déclarations d'impôts, de TVA, d'Urssaf et fiches de paie) par une société spécialisée et ceci dès le début de votre activité.

D'abord parce que cette opération ne va pas vous ruiner (compter 160€ par mois en moyenne). Ensuite, pensez que c'est un sujet suffisamment important pour prendre le moins de risque possible. Enfin parce qu'il vaut mieux que vous dépensiez votre énergie et votre temps à des tâches où vous aurez plus de valeur ajoutée en tant que gérant : stratégie globale, vente, négociation fournisseur, recrutement...

Sachez également que les cabinets comptables peuvent aussi vous aider à trouver des financements publics, que nous évoquions dans le chapitre « Trouver un financement ». C'est leur métier d'être au courant des aides aux entreprises.

Pour ce qui est des bons de commandes et des factures (à payer ou à émettre) ce sont des opérations que vous pouvez gérer vous-même, d'autant plus qu'elles sont directement liées à l'activité commerciale. En ce qui concerne la rédaction de ces documents, sur le web, vous trouverez des nombreux exemples. Il suffit simplement de faire des « copier-coller » et de les adapter à votre cas.

La vente de votre produit ou service nécessitera peut-être un contrat plus élaboré. C'est ce que l'on appelle les CGV : Conditions Générales de Vente. Dans ce cas, vous n'avez pas d'autre option que de faire appel à un juriste, car cette étape requiert des compétences techniques.

Citons comme autres conseils pour optimiser votre administration interne :

- Le fait de bien répartir entre associés les tâches en fonction des compétences de chacun. Cela a l'air évident, mais ce n'est pas toujours le cas…

- L'utilisation de l'outil informatique (bureautique) : Outlook pour les emails, excel pour les calculs, word pour les correspondances ou encore Google Calendar.

- Sans oublier la très précieuse « to do list » !

Mes conseils :

- Ne faites pas vous-même ce que d'autres peuvent faire beaucoup mieux pour pas très cher. Trouvez rapidement une société qui fera votre comptabilité moyennant un forfait mensuel.

- Gérez vous-même (au moins au démarrage de votre société) tout ce qui est en rapport avec votre

> activité commerciale et vos dépenses : factures et bons de commande. Cela vous permettra une meilleure visibilité de votre action commerciale et de votre cash-flow.

Optimiser votre action commerciale

Avec les nouvelles technologies la façon de se faire connaître et de vendre un produit ou un service a aussi beaucoup évolué.

Rien ne remplacera jamais le contact physique, mais l'émergence de nouveaux outils offre de véritables alternatives.

En plus de l'E-commerce, permettant de vendre directement vos produits ou services à partir de votre site web, l'optimisation des moteurs de recherche vous met directement en contact avec vos prospects potentiels.

Des millions de personnes « googlent » chaque jour pour trouver l'objet de leur désir. Google et ses concurrents ont eu depuis quelques années, l'ingénieuse idée de tirer des revenus de ces recherches, en faisant payer les sociétés voulant apparaître en bonne position.

Pour prendre un exemple si vous « googlez » : « location de voitures », les sociétés telles que Avis, Hertz, Europcar apparaîtront en premières lignes sur vos écrans moyennant un paiement à Google chaque fois que vous cliquerez sur leur lien. C'est ce que l'on appelle le « lien commercial ».

En quelques années toute société proposant des produits ou services grand public est devenue un inconditionnel client des moteurs de recherche sur Internet. Faites le test sur votre ordinateur, vous verrez, le résultat est hallucinant...Ces sociétés dépensent même des fortunes, car plus vous payez, mieux vous êtes placés, donc plus vous avez de chances que le client vous trouve. C'est exactement le concept du magasin qui paye un loyer une fortune, juste parce qu'il se trouve au bon endroit commerçant.

De nos jours Google offre la façon la plus efficace de se faire connaître.

Il y a même des métiers créés autour de cette nouvelle fonction. De même que le community manager gère votre présence sur les réseaux sociaux, le SEO manager (SEO pour : Search Engine Optimization) va gérer vos apparitions sur les différents moteurs de recherche. Google n'est pas le seul acteur (même s'il détient 80% du marché), citons également Yahoo, Bing et Baidu (le moteur de recherche qui se permet le luxe de battre Google mais uniquement pour le territoire chinois).

Par le même procédé de paiement par clic, vous trouverez sur des sites web ou blogs la présence de liens commerciaux pour d'autres sites. C'est ce que l'on appelle l'affiliation. Mais cela s'apparente plus à de la publicité sur la toile.

Pour en revenir à Publimovida, l'idée était d'apparaître en première position chaque fois qu'un prospect cherchait un support de publicité extérieure en Espagne.

Pour ce faire, nous avons dressé la liste des mots qui pouvaient venir en tête d'un prospect cherchant un support publicitaire. Mots tels que promotion, affichage, panneaux publicitaires, véhicule promotionnel, etc. Puis dans « Google Adwords », le système de liens commerciaux de Google, nous avons dédié un budget mensuel pour tous ces clics espérés…

Et le résultat fut….un énorme succès !

En quelques semaines Google est devenu notre principal démarcheur commercial. Je rappelle que nous sommes en 2004 au moment où nous faisons cette action et que l'utilisation des liens commerciaux par nos concurrents est quasiment inexistante.

Pour un investissement minimal (100 € par mois) nous avions droit à des milliers de clics sur le lien Publimovida. Il suffisait que nous convertissions trois de ces clics en clients pour atteindre notre équilibre mensuel. Ce que nous avons rapidement réussi à obtenir.

Quel gain de temps par rapport à une démarche commerciale classique et surtout…quelle économie !

Juste avant la découverte de « Google Adwords », nous avions entrepris une réflexion sur notre cible de clients pour résoudre notre problème commercial (car nous avions un !). C'est la combinaison de ces deux facteurs : nouvelle cible de clients potentiels et moyens adéquats pour y arriver, qui nous a mené sur les rails du succès.

Mon conseil :

Pour maximiser votre action commerciale, étudiez avec soin l'opportunité d'une campagne sur « Google Adwords ». C'est encore assez bon marché et terriblement efficace !

Optimiser vos coûts

Que faire quand votre structure est devenue trop petite pour satisfaire les commandes que vous avez :

- Investir dans du matériel qui améliorera votre productivité ?

- Embaucher du personnel pour satisfaire cette demande ?

- Ou bien trouver des sous-traitants qui feront le travail à votre place.

Tel est le dilemme commun à de nombreuses entreprises. C'est un « heureux » dilemme puisqu'il suppose que vos affaires tournent bien, sinon la question ne se poserait pas.

La sous-traitance est un modèle pratiqué depuis longtemps dans l'industrie et elle devient de plus en plus courante dans les services.

Rares sont désormais les sociétés qui produisent l'ensemble des produits ou services qu'elles commercialisent.

Les meilleurs exemples sont dans le secteur automobile où les constructeurs ne fabriquent qu'une très faible partie des véhicules qu'ils vendent sous leur nom, sous-traitant leur production par d'innombrables entreprises. Les grands constructeurs ne sont en fait que de grands « assembleurs ».

Le principal avantage de la sous-traitance, c'est sa grande flexibilité face aux variations éventuelles du Chiffre d'Affaires. Si votre CA baisse, vous n'aurez qu'à réduire le flux de commande vers vos sous-traitants et vous vous en sortirez à moindre coût. S'il augmente, vous n'aurez pas à investir directement dans votre société pour satisfaire cette demande.

Mais la sous-traitance comporte aussi de nombreux inconvénients dont nous reviendrons plus tard dans ce livre.

Pour Publimovida notre action sur Google Adwords conjuguée à une réorientation de notre cible de client a entraîné, en très peu de temps, une très forte augmentation de nos commandes de campagnes publicitaires.

Jusqu'à présent nous n'avions qu'un seul camion pour satisfaire ces demandes. Il a donc fallu que nous trouvions d'autres véhicules et ceci rapidement. En suivant la même démarche que nos clients et en Googlant « camions publicitaires », nous avons découvert un concurrent disposant de sept camions similaires au nôtre et qui dormaient dans un hangar depuis de nombreuses années. L'occasion rêvée pour dépoussiérer leur carburateur et faire revivre l'activité de cette société mise en sommeil faute de clients ou d'effort commercial.

Nous avions donc trouvé le sous-traitant idéal, et nous pouvions enfin clamer haut et fort que nous disposions d'une flotte de huit véhicules, alors que nous n'en avions qu'un seul en propriété.

Ce fut notre façon d'optimiser nos coûts de production.

Mon conseil :

Avant d'investir dans du matériel et du personnel pour satisfaire une augmentation de commandes, étudiez d'abord l'opportunité de sous-traiter votre production. Cette solution peut vous offrir une plus grande flexibilité…

L'aide des organismes publics ou privés

On les oublie parfois, mais certaines entités publiques ou privées peuvent être d'une grande aide pour votre entreprise. Par entités publiques et privées, je me réfère aux organismes tels que les Chambres de Commerce et d'Industrie, agence pour la création d'entreprise ou encore les agences privées ou publiques spécialisées dans votre corps de métier.

Elles pourront vous aider dans vos démarches si vous avez un recrutement à effectuer, une formation à prévoir, une étude de marché à réaliser. Elles organisent aussi des missions de prospection à l'étranger, soit entièrement financées, soit partiellement. Ces voyages sont intéressants par rapport au marché prospecté mais aussi grâce aux expériences que vous allez partager avec les autres entrepreneurs qui ont, sans aucun doute, de nombreux points communs avec vous. Comme je l'écrivais déjà, l'un des dangers de l'entreprenariat est l'isolement et la sensation que l'on peut faire tout, tout seul. Rien ne vaut le partage des connaissances.

Etre un membre actif de ces organisations vous permettra de multiplier vos contacts et de trouver, qui sait, des clients potentiels, des fournisseurs potentiels ou de nouvelles idées de business.

Pour Publimovida j'ai usé et abusé des organismes publics espagnols offrant des

formations gratuites. Quinze ans après avoir quitté les bancs de mon école de commerce, j'ai ressenti le besoin de rafraîchir mes connaissances théoriques. C'est ainsi que j'ai suivi des formations et des cours du soir dans de nombreux domaines :
Marketing direct
Techniques de vente
Télémarketing
E-business
Stratégies d'entreprise
Gestion des bases de données clients
Qualité de service aux clients

Ces cours m'ont avant tout aidé à prendre un certain recul par rapport au train-train de mon activité. Quand on monte une entreprise, on a tellement « la tête dans le guidon » qu'on ne voit pas ce qui se passe autour !
D'autre part ces cours m'ont permis de faire d'intéressantes rencontres avec d'autres entrepreneurs ou des personnes avec un profil très différent du mien.

Si vous en ressentez le besoin, vous comme vos employés, faites en autant. Une bonne piqûre de rappel de connaissance ne fait jamais de mal ! La formation aide toujours à la motivation, c'est démontré.

Mon conseil :

Demandez, vous recevrez ! C'est souvent le cas avec les organismes privés et publics qui peuvent vous être d'une aide précieuse dans de nombreux domaines auxquels on n'aurait jamais pensé.

Autres idées pour optimiser vos coûts et maximiser votre temps

Il y a des entreprises qui ont fait de l'optimisation de coûts leur gagne-pain. Elles vont réaliser un audit complet de vos factures : de la téléphonie, jusqu'au ménage des bureaux, en passant par vos fournitures, consommables informatiques et autres. Elles vont ensuite vous proposer des solutions alternatives pour réduire ces factures.

Certaines sociétés proposent même d'optimiser vos coûts de production (personnel compris). Elles se rémunèrent en général sur un pourcentage du montant qu'elles ont réussi à vous faire économiser. C'est donc un système gagnant-gagnant pour les deux parties. Il faut avant tout les autoriser à mettre le nez dans vos affaires, ce qui est déjà plus difficile.

Pour optimiser vos coûts de personnel et votre temps, vous pouvez aussi avoir recours à des stagiaires. On a tendance à oublier cette possibilité et pourtant pendant nos études, nous sommes presque tous passés par l'étape « stage ». Vous ferez des heureux et à moindre coût, à condition d'avoir une mission à proposer à votre stagiaire et de consacrer un minimum de temps à sa formation.

Si vous avez une étude de marché à réaliser vous pouvez aussi contacter une école de commerce ou une université et proposer cette étude comme sujet de mémoire de fin d'études. Vous aurez ainsi une main-d'œuvre qualifiée et à moindre coût.

Un autre moyen original pour que d'autres fassent votre étude de marché est l'organisation d'un concours. Vous allez ainsi créer le buzz autour de votre entreprise. Par contre, dans ce cas, il faudra prévoir un prix pour le ou les gagnant(s).

> Mon conseil :
>
> Un stagiaire, une société spécialisée dans les « cost cutting » ou encore le recours à un mémoire de fin d'études ou un concours sont, entre autres, d'utiles moyens de maximiser votre si précieux temps d'entrepreneur et vos si sensibles coûts.

Gérer les problèmes

Une entreprise qui ne connaît aucune difficulté ou un entrepreneur qui n'a jamais eu de soucis, malheureusement cela n'existe qu'au cinéma…et encore !

Chargé de positivisme et d'optimisme, vous qui montez votre entreprise, vous n'avez peut-être pas envie d'anticiper d'éventuels problèmes…et vous avez bien raison !

Cependant, comme le dit la formule consacrée : un Homme averti en vaut deux. Imaginez que vous êtes un alpiniste souhaitant atteindre un sommet, il est quand même préférable que l'on vous indique les endroits où se trouvent d'éventuelles crevasses !

Si je n'avais pas eu autant de difficultés avec mon entreprise, je n'aurais jamais écrit ce livre. Mon désir le plus cher est que le récit de ce qui m'est arrivé serve à quelque chose. Voici donc une énumération des problèmes que, j'espère, vous ne rencontrerez jamais !

Problèmes techniques

Que votre affaire soit une usine de fabrication, un site web, un restaurant ou un magasin en franchise il y a nécessairement une part de technique. L'idéal est que vous dominiez complètement cette partie de façon à n'être dépendant de personne.

Chez Publimovida, nous avons cumulé les problèmes techniques. À peine le camion livré par notre franchiseur, l'ingénieux système de déroulement d'affiches ne marchait déjà pas, à cause d'un défectueux relais électronique…Il fallait 48 heures pour recevoir ce relais, nous étions dimanche et la campagne que nous venions de vendre commençait lundi. Notre première frayeur !

Que nous avons surmonté en un tour de passe-passe avec un client bien heureusement compréhensif.

Deux semaines après le relais déficient, ce fut le tour du transformateur (permettant d'éclairer les affiches) qui sauta sans que nous sachions pourquoi.

Deux mois après le début de notre activité, juste avant Noël et en guise de cadeau, ce fut tout un pan de rouleaux d'affiches qui s'écroula. Ce qui nécessita la venue depuis Brest d'un technicien.

Force est de constater que nous n'avions pas tiré le bon numéro de série !

Au début, nous ne cessions d'appeler le master ou le franchiseur, mais ceux-ci situés respectivement à 600 et 1600 kilomètres ne pouvaient nous apporter qu'une aide…téléphonique. Il a donc fallu que nous mettions mon associé et moi les mains dans le cambouis sans compter sur les autres. *Aide-toi, le ciel t'aidera*….ou encore en anglais le fameux DIY : Do It Yourself ! Et par la force des choses nous sommes devenus, non seulement des gérants d'entreprise, mais de véritables techniciens.

Mon conseil :

Essayez de maîtriser au mieux vous-même toute la technique de votre business pour être le moins dépendant possible de quelqu'un d'autre. Dans le cas contraire, cela deviendra rapidement un frein à votre développement voire tout simplement à votre activité.

Problèmes légaux

En général avant de monter une affaire, on s'assure de la viabilité légale de sa future activité. Mais une fois lancé on a bien souvent de mauvaises surprises qui surgissent sur le terrain du « légal »

C'est aussi pourquoi une entreprise de taille moyenne a en général un juriste à temps plein, parmi ses employés. Pour la rédaction de ses contrats, conditions générales de vente, mais aussi pour la viabilité légale de ses produits ou services actuels et futurs : dépôt ou utilisation de brevets existants, licences, etc.

Pour Publimovida, nous n'avions pas de préoccupations quant à l'utilisation légale de notre camion, étant dans le cadre d'une franchise nous permettant d'exploiter le système d'affiche déroulant.

En revanche ce que nous ne savions pas, c'est que des arrêtés municipaux interdisaient la circulation de véhicules publicitaires…dans les rues de Madrid où nous avions monté notre affaire et à Barcelone où nous pensions la développer !

Dès la première année de notre activité, lors d'une campagne à Barcelone pour la promotion de *Carrefour Online*, nous avons été pris la main dans le sac. Un policier municipal nous a « arrêté » puis dressé un procès-verbal se référant à cet arrêté municipal, sans mauvais jeu de mot.

Heureusement pour notre affaire, nous n'avons jamais eu d'autres problèmes de ce type. Il semblerait que cet arrêté municipal ait été soumis à quelques pressions (la publicité créée des emplois…) et se soit miraculeusement assoupli. D'autre part, les policiers ne sont pas tous au courant des arrêtés municipaux…et puis il y a aussi le « pas vu pas pris ».

À la suite de l'épilogue barcelonais, nous aurions pu jeter l'éponge, mais lorsque l'on monte une entreprise il y a forcément des obstacles à surmonter et des risques à prendre. On dit du reste que le plus grand risque, c'est de ne pas en prendre !

Mes conseils :

Prenez vos précautions pour ne pas avoir de mauvaises surprises sur l'aspect légal de votre activité. On consulte en général deux chirurgiens distincts avant une opération délicate. Faites-en de même pour vos sujets légaux : consultez deux juristes différents et si les deux ont le même discours, cela vous donnera quelques certitudes.

Et puis…ne reculez pas devant les obstacles juridiques. Affrontez-les ! Il y a des solutions à tout, et il faut tout de même prendre un minimum de risques si l'on se sent une âme d'entrepreneur.

Problèmes commerciaux

Savoir bien positionner le produit/service que l'on vend c'est évident mais aussi « VITAL ». On emprunte l'anglicisme animalier de « niche market » pour définir cette loi du positionnement : trouver son marché niche c'est trouver ce « petit coin » fait pour vous et à la mesure de ce que vous proposez. Il existe toujours un marché niche pour un produit ou un service. Le plus dur c'est de le trouver !

Ma petite entreprise ne connaît pas la crise. J'aurais bien aimé chanter cette chanson de Bashung après le démarrage de la société, mais ce ne fut malheureusement pas le cas. On nous avait pourtant avertis : il faut une bonne paire d'années pour commencer à gagner de l'argent après avoir monté sa boîte, mais ce que nous n'avions pas prévu c'est d'en perdre ! Notre première année d'exercice fut une année « vinicole » : nous ne sommes sortis du rouge que deux mois sur douze ! Les dix autres mois ont été des pertes sèches, c'est-à-dire que nos frais fixes et variables n'étaient pas couverts par nos rentrées d'argent. Sans parler du fait que nous ne nous accordions même pas de salaire !

C'est ce que l'on appelle un problème commercial.

Notre problème ne venait pas d'un excès d'optimisme lors de l'élaboration de notre business plan, mais plutôt d'une erreur de positionnement de notre produit.

À l'origine, le système de déroulement d'affiches nous permettait d'avoir sur le même support plusieurs annonceurs différents. Or nous avions omis une règle très importante : l'espagnol n'aime pas partager ! Si en France sur n'importe quel affichage déroulant de type J.C.Decaux, il y a un minimum de trois annonceurs, en Espagne les affiches quatre par trois classiques sont fixes : un seul support un seul annonceur : un poids, une mesure !

Notre modèle d'affaire ciblait des annonceurs à faibles revenus : type restaurants ou petits magasins. Mais puisque peu d'entre eux ont été séduits par notre concept du partage du support, il a fallu changer de cap et proposer notre seul support pour un seul annonceur. En conséquence : exit les petits budgets, bonjour les mastodontes de la publicité !

Exit également le système de franchise : nous n'avions plus besoin de l'ingénieux système de déroulement d'affiche, puisque nos affiches étaient désormais fixes.

C'est ce que l'on appelle un repositionnement radical, mais indispensable, car ce n'est qu'à partir de ce moment-là que nous avons enfin commencé à gagner de l'argent.

Notre démarche commerciale a par conséquent connu un changement drastique. D'une action « porte à porte » pour présenter notre support à la pizzeria Pino du quartier ou la bijouterie

Hernandez, nous avons ciblé les agences de publicité : Havas, Mediacom, Publicis et les plus puissants annonceurs tels que Telefonica, Carrefour ou Zara.

Je profite de cette occasion pour faire le distinguo entre nos deux cibles de clients prioritaires :

1° Les agences de publicité que l'on appelle aussi « agences achats d'espace », véritables détentrices des droits de dépenses des gros annonceurs.

2° Les annonceurs en « direct ».

C'est le dilemme de chaque support de publicité que ce soit chaîne de télévision, radio, magazine, presse ou publicité extérieure : passer par une agence de publicité, c'est abandonner une juteuse commission (de l'ordre de 15 à 25%) mais c'est aussi en un seul contact 15 à 25 annonceurs potentiels sur votre support. Ne négligez pas d'aller quand même voir les annonceurs finaux avec l'accord des agences. Vous ne savez jamais quel message elles font faire passer auprès de leurs clients, au sujet de votre support. Si les agences ne vous consultent pas, c'est qu'elles ont peu de considération pour votre support.

Peu après notre repositionnement commercial, nous avons découvert «Google Adwords» décrit précédemment. Nous avions donc non seulement identifié notre cible de clients mais aussi le bon outil pour l'atteindre.

> Mon conseil :
>
> Si vous avez un problème commercial, c'est parce que :
>
> - vous ne vous adressez pas à la bonne cible de clientèle.
>
> Et/ou
>
> - votre produit ou service n'est pas adapté aux personnes à qui vous le proposez.
>
> Ce sont des conclusions certes très basiques mais vraies dans 99% des cas. Il existe nécessairement un marché niche pour votre produit ou service. C'est en repositionnant votre offre que vous le trouverez.

Un drame

C'est un très douloureux passage.

Un an après avoir commencé Publimovida, Éric mon associé et ami, parti en week-end dans les Pyrénées, est mort dans un accident de ski.

Dieu écrit droit avec des lignes courbes. La disparition à 37 ans de mon associé qui aimait la vie est l'une des lignes courbes écrites par Dieu, tant elle est inexplicable.

Je fais une référence une nouvelle fois à la phrase de Saint-Exupéry *Force-les de bâtir ensemble une tour et tu les changeras en frères.* Personne ne nous a forcé mon associé et moi à monter Publimovida, mais cette expérience nous a permis de devenir des frères…

Revenons à notre affaire aussi rude que puisse paraître cette transition, mais c'est exactement la réalité à laquelle je fus confronté : en plus du chagrin pour mon ami, il a fallu que je supporte la perte de mon associé. Dans le business, il y a très peu de compassion et si vous vous laissez mener par les sentiments, vous êtes fini, professionnellement parlant. C'est cruel, voire injuste, mais c'est la réalité.

Dans mon cas, perdre mon unique associé c'est diviser les forces vives de l'entreprise par deux. Cela signifiait aussi une refonte des statuts, une remise à niveau de la dette aux associés avec ses héritiers et une complète réorganisation de l'activité.

Par pudeur j'aurais pu vous épargner ce passage, mais le but de ce livre et de vous aider si jamais un jour vous connaissez la même tragédie.

Voici comment je m'en suis « sorti » :

- Les parents de mon associé sont devenus des interlocuteurs directs puisqu'ils ont « hérité » des 50% de Publimovida ainsi que de la dette au crédit de mon associé. Il a fallu rapidement trouver un accord avec eux afin de racheter ses 50% ainsi que cette dette. Ils ont été aussi courageux dans la douleur que compréhensifs vis-à-vis de l'avenir de Publimovida.
Quelques mois après la tragédie je leur rachetais devant notaire leurs parts dans la société.

- Publimovida est ainsi devenue une Société à Responsabilité Limitée Unipersonnelle. J'ai pensé conserver la famille de mon associé comme actionnaire de Publimovida pour son souvenir. Mais cette famille se trouve à Paris et moi je suis seul à Madrid. Étant le seul membre actif de la société, il était plus simple et logique d'en devenir le seul actionnaire. Je maintiens informés, régulièrement, les parents de mon associé des activités de Publimovida. C'est important de leur démontrer que la société continue son chemin, malgré tout.

- Mon associé vivait dans les bureaux de notre entreprise pour une raison évoquée précédemment (un souci pratique de coûts). Continuer à travailler dans cet appartement avec tout le souvenir que cela supposait est vite devenu insupportable. J'ai donc rapidement déménagé les bureaux. Après un tel drame changer son environnement matériel est une sage solution. Faire son deuil cela ne veut pas dire faire table rase de son passé, mais il faut tout de même essayer de regarder droit devant.

- J'ai embauché un stagiaire officiellement pour réaliser une étude de marché, officieusement parce que la solitude était devenue insupportable.

- Je me suis réfugié dans le travail et c'est bien là la meilleure des thérapies. Ce qui me rapprochait le plus de mon associé, c'était ce que nous avions construit ensemble : Publimovida. Quoi donc de plus beau que de tout faire pour que la société fonctionne au mieux. Éric, mon associé, était un grand perfectionniste. Il était capable de passer des heures pour corriger un petit détail de couleur sur une présentation ou pour arranger une tournure de phrases. Les Anglais disent « There is no substitute for quality ». C'est bien vrai, rien ne vaut la qualité. Avant de connaître Éric j'étais tout son contraire : je me contentais de « l'à-peu-près ». Avec Éric, je me suis rendu compte que dans son travail, il faut sans cesse rechercher la perfection. Vous ne l'atteindrez jamais, mais c'est en allant la chercher que vous vous en rapprocherez le plus.

- Pour éviter de trop cogiter dans mes heures creuses, j'ai aussi entrepris de nombreux projets personnels. Je suis même devenu hyperactif. C'est la meilleure solution pour éviter une bonne dépression post coup dur.

- Une année auparavant profitant du calme des vendredis après-midi, je m'étais lancé dans l'écriture d'un Roman (pas celui-là mais un autre). C'était le meilleur moment pour le terminer et essayer de le publier.

- Cela faisait un moment que j'avais envie de refaire du tennis en compétition : me voilà inscrit dans un tournoi.

- En Espagne, comme en France d'ailleurs, que vous soyez au chômage ou en poste, il y a toujours des possibilités de suivre une « formation gratuite » comme je le racontais dans un chapitre précédent. Je me suis donc inscrit dans une dizaine de cours du soir.

- Je dois aussi avouer que ma foi en Dieu m'a beaucoup aidé en ces moments difficiles. Je ne m'étendrai pas non plus sur ce sujet par respect pour ceux qui ne croient pas. Je pense simplement que croire en Dieu, c'est une chance pour essayer de comprendre les mystères que la vie nous réserve…

Mes conseils :

Le travail est la meilleure des thérapies pour sortir de ses malheurs, soucis personnels voire idées noires. Même si les catastrophes vous dépriment, essayez de remettre le pied à l'étrier le plus rapidement possible. Une fois que vous êtes lancé, vous n'aurez pas d'autres options que de regarder bien loin devant vous.

Mon autre réflexion porte sur un thème plus profond :

Combien de fois nous nous sommes disputés avec mon associé. Combien de fois nous nous sommes énervés pour des bêtises. C'est normal quand on crée sa boîte, il y a nécessairement du stress, de la nervosité, des tensions.

Combien de fois j'ai regretté ces engueulades quand il n'était plus là.

Aimez-vous les uns les autres et surtout…Aimons-nous vivants !

Ce livre est dédié à Éric, mon associé et ami.

Problèmes de sous-traitants/fournisseurs

Si vous avez la chance de pouvoir choisir entre plusieurs fournisseurs ou sous-traitants et éventuellement les mettre en concurrence, vous êtes dans une situation privilégiée. En revanche s'ils sont en situation de monopole vis-à-vis de vous, attention ! Ils pourraient rapidement profiter de cette situation...

C'est la situation dans laquelle je me suis retrouvé.

Les camions, dont je vantais les mérites dans ma page web et dans mes devis, possédaient des caractéristiques particulières (affiches exposées derrière une vitrine, retro-illumination, taille conséquente des affiches...), que seuls possédaient deux sociétés en Espagne : une société à Madrid et une autre dans le Nord de d'Espagne dont je n'ai appris l'existence que quelques années après, malheureusement.

Voici donc les difficultés auxquelles j'ai pu être confronté avec ce fournisseur unique :

1° Problème : position d'infériorité pour négocier un prix.

Mon sous-traitant a rapidement compris et profité de l'agréable situation d'exclusivité dont il jouissait.

Nous avions dès le début convenu d'un tarif référence de location pour ses camions. Mais ce tarif n'a jamais été respecté car chaque campagne à cause de ses caractéristiques (circulation le week-end, les jours fériés…), nécessitait un traitement au « cas par cas ». D'où d'innombrables négociations qui tournaient rapidement au marchandage de tapis, puis aux engueulades pour se terminer bien souvent en chantage de sa part : « Si tu veux faire cette campagne c'est tant, sinon il n'y aura pas de camion ». Et comme je préférais gagner quelque chose plutôt que de ne rien gagner du tout, je n'avais pas le choix.

Si je faisais un mea culpa, je citerais deux erreurs fondamentales:

- Ne pas avoir suffisamment et précisément fixé les règles de départ avec mon fournisseur : si nous avions défini tous les tarifs possibles, nous aurions évité bien des discussions et nous aurions surtout gagné du temps.
- Avoir montré trop de faiblesses.

Mes conseils :

Évitez par tous les moyens d'être l'otage de vos fournisseurs-sous-traitants.

Définissez dès le début des règles de collaboration très précises et surtout une grille tarifaire la plus exhaustive possible pour couvrir tous les cas « exceptionnels ».

Soyez ferme avec votre fournisseur dès le départ, sinon il se comportera comme un enfant mal élevé

> puisque trop habitué à des faiblesses de votre part...

2ème souci : le contrôle de la qualité.

Lorsque l'on est un « assembleur » on contrôle sa partie : l'assemblage, mais pas la qualité des pièces à assembler, puisqu'on ne les produit pas.

Cela résume la situation dans laquelle je me suis retrouvé. Faute d'avoir le choix entre plusieurs fournisseurs, j'étais également à la merci des prestations fournies par celui-ci.

Pour mon sous-traitant, ce sont les affichages et la propreté des camions qui laissaient fortement à désirer. Par une litote, je dirais que mon sous-traitant et moi nous n'avions pas les mêmes critères de qualité...

Quand on vend de la publicité, on vend de l'image et celle-ci doit être IMPECCABLE.

Combien de fois j'ai dû renvoyer le camion à la station Eléphant Bleu (la fameuse chaîne de lavage) la plus proche. Combien de fois j'ai eu honte du travail présenté au client.

On ne peut pas toujours tout contrôler. Les campagnes de publicité se décident souvent à la dernière minute. Il faut avoir tout préparé pour....hier. C'est aussi pour cela qu'il m'était difficile d'anticiper un mauvais travail de mon fournisseur, mais quand même !

J'ai aussi compris pourquoi ses camions dormaient bien sagement dans un hangar depuis tant d'années…

> Mon conseil :
>
> Si vous avez à choisir entre plusieurs fournisseurs ou sous-traitants, au-delà du prix, veillez également à ce qu'ils aient les mêmes critères de qualité que les vôtres. Encore une fois cela peut être évident, mais cela ne l'est pas toujours…

3ème problème de la sous-traitance : être copié par son sous-traitant !

Puisqu'il possède le produit, le savoir-faire et l'expérience, l'autre danger est que votre sous-traitant décide un jour de faire la même chose que vous…en moins cher !

Il sera forcément moins cher, puisque vous n'êtes en fait qu'une interface entre lui et le client. Le client en contactant directement le fournisseur économisera le « péage » de l'interface.

Et c'est ce que mon fournisseur a essayé de faire, avant que je ne le prenne la main dans le sac !

Je parle cette fois-ci d'un deuxième sous-traitant que j'ai trouvé dans le Nord de l'Espagne. J'étais beaucoup plus en phase avec celui-ci dans le domaine de la qualité. Mais son gros défaut était un appétit débordant et une langue bien pendue. Alors que nous réalisions ensemble une campagne dans la région de Valence pour le compte d'un magasin animalier, il ne trouva rien de mieux que de proposer ses services en direct au propriétaire du magasin. Ce dont il ne se doutait pas, c'est que je bénéficiais d'une grande confiance de ces derniers qui se sont empressés de me rapporter le peu de scrupule de mon fournisseur.

J'ai signifié à mon sous-traitant que ce n'était pas très malin de sa part de procéder de la sorte : un jour il va peut-être gagner un nouveau client, un seul, mais il va me perdre définitivement, alors que je le fais régulièrement travailler.

Chacun sa place, chacun son rôle. Dans mon modèle de business le sous-traitant est un producteur et moi je suis un assembleur-vendeur. Lui possède le camion et les chauffeurs, moi je lui amène les clients. Et c'est bien là la vraie valeur ajoutée de Publimovida : son savoir faire commercial, ses contacts, ses clients.

Un conseil :

Cette fois-ci je me mets à la place de mon fournisseur : ne devenez jamais l'otage de votre client !

Pour ne pas être copié, il faut toujours avoir une longueur d'avance. Pour Publimovida, cette longueur je l'ai acquise grâce au labeur commercial, à une base de données clients et aussi grâce à Google Adwords…

Pour résumer ce chapitre sur la sous-traitance, imaginez un équilibriste marchant sur un fil, et surmontant plusieurs obstacles aux noms évocateurs : qualités des prestations du fournisseur, tarifs des fournisseurs, risque de copiages, satisfaction du client, etc.

Non, je n'aurai pas voulu être un artiste mais combien de fois me suis-je retrouvé en position d'équilibriste !

Problèmes de personnel

Même *s'il n'est de richesse que d'Homme*, gérer du personnel reste une tâche très imprévisible et compliquée.

Beaucoup de chefs d'entreprise vous diront même que la gestion des employés est l'activité LA plus compliquée et leur principale préoccupation. D'où la nécessité de bien choisir son personnel.

Je vous livre mon expérience avec Publimovida.

Six mois après le drame vécu, en août 2005, je me décide à prendre quelques vacances, non sans avoir mis en place une ultime campagne dans le sud de l'Espagne, près de Marbella, apportée sur un plateau par mon commercial « Google Adwords ».

Alors qu'avec mon chauffeur, nous nous dirigeons vers la « Costa del Sol », sur l'asphalte surchauffé des routes ibériques le pneu arrière droit du camion éclate en plein trajet. Le véhicule tangue en faisant quelques pas de flamenco, mais n'est pas endommagé. Une roue de secours solutionne le problème.

Plus de peur que de mal, je rappelle à mon chauffeur qu'il a entre ses mains non seulement un jouet de 70.000 €, mais aussi son emploi ! On aurait dit un avertissement sans frais.

Après deux jours passés avec lui pour le démarrage de la campagne, je remonte vers Madrid, puis file en Provence pour enfin profiter de mes vacances.

Je ne débranche pas mon portable, au cas où….et c'est ainsi qu'à 8 heures du matin le premier jour de congé, apparaît le prénom du chauffeur sur l'écran de mon Nokia…Je pense encore rêver…

Il m'informe que le camion est couché entre un fossé et le bitume.

Sur ces routes très fréquentées en cette saison, une voiture a apparemment déboulé trop vite en face du camion. Un brusque coup de volant fut l'unique solution pour l'éviter. Il n'y a pas eu de choc avec ladite voiture….mais le camion n'a pas résisté à ce « coup de main » tragique et s'est couché.

Le chauffeur bien que sonné par cette mésaventure est en bonne santé. Il n'en est pas de même pour son outil de travail…

La cabine est complètement détruite. La caisse où jadis apparaissaient fièrement les annonceurs fait peine à voir (voir photo ci-dessous, une fois la cabine réparée). Le cauchemar continue.

Comble de malheur, l'année précédente deux accidents imputables au chauffeur (décrits dans le chapitre « recruter du personnel »), nous ont privés d'une assurance tous risques. Etant donné notre type d'activité, nous avions même eu toutes les peines du monde à trouver une compagnie d'assurances pour une « tierce collision »…

Et puisque qu'il n'y a pas de traces de la voiture mystérieuse qui a déclenché l'accident, c'est mon conducteur qui est en tort à 100%...

Et puis il faut remorquer le véhicule jusqu'au garage le plus proche, ce qui va encore occasionner des frais. Je viens aussi de perdre mon client, mais cela n'a pas d'importance comparé au dommage du camion, qui est mon principal et unique outil de travail.

Un véritable cauchemar comme je vous le disais.

Tout cela est relatif, bien entendu, par rapport à la tragédie de mon associé…mais quand même !!

Il faut maintenant que je prenne une décision pour mon chauffeur.

J'ai toujours pensé que chacun a droit à une deuxième chance….mais quid d'une troisième ?

Après ses deux premiers accidents, il s'était vu signifier qu'il s'agissait de sa dernière chance. Il fallait qu'il lève le pied et qu'il perde cette fâcheuse habitude de foncer comme s'il conduisait une voiture de rallye. Après tout il s'agit d'un camion publicitaire fait pour être vu…donc tenu de circuler à faible allure.

Le GPS de circulation, que nous utilisions comme moyen de contrôle pour nos clients, a démontré qu'il roulait trop vite sur cette petite route du sud de l'Espagne. Ce fut une preuve irréfutable.

Une fois de retour à Madrid, j'ai donc licencié mon chauffeur pour faute grave. Ce n'était vraiment pas faute de l'avoir averti.

En un coup de volant, j'ai perdu mon outil de travail, mon unique employé, une grande partie de mon investissement, mais surtout beaucoup de mes espérances.

Mes conseils :

- Tout business qui se monte comporte nécessairement sa part de risque, mais gare à tout risquer !
Dans mon cas, circuler 8 heures par jour, avec mon unique outil de travail, à la merci d'un accident et à demi assuré, c'était TROP RISQUÉ.

- Pour votre personnel : soyez donc humain, mais aussi vigilant. Mon chauffeur avait des problèmes de dépression. Humblement, je pense que lui avoir donné ce travail à un moment de sa vie (où il venait de passer de dures années de chômage) lui a donné un sacré coup de main. Je ne regrette donc pas de l'avoir fait. Le seul problème est qu'il roulait trop vite et qu'il n'était pas assez attentif, deux défauts majeurs…quand vous êtes chauffeur ! J'aurais juste dû, à un moment donné (au deuxième accident), dire stop.

Vaincre la tentation d'abandonner et rebondir

Je tiens le pari que chaque entrepreneur a, au moins une fois dans sa vie, eu envie de jeter l'éponge. Quand les soucis vous submergent et quand vous accumulez les malheurs, on peut arriver à penser que ce sont autant de signes du destin pour vous faire passer à autre chose. Les Romains, en d'autre temps, disaient : *Errare humanum est, perseverare diabolicum.* Persévérer dans son erreur est diabolique ! Mais avant d'arriver à cette conclusion, il faut aller au bout de son expérience et même s'il ne reste qu'une infime chance de réussir et bien il faut la saisir.

J'ai pensé que la destruction de mon camion était le coup de grâce de mon aventure comme entrepreneur. La fameuse goutte qui fait déborder le vase. Je n'avais plus d'associé, je n'avais plus d'employé, je n'avais plus d'outil de travail et je n'avais bientôt plus d'économies. Comment peut-on penser à autre chose que d'abandonner dans un tel cas ? Cela coule de source. D'autant plus qu'au moment des faits, j'ai 34 ans, l'âge idéal pour retrouver un travail rapidement.

Dans mon malheur, j'ai eu la chance que cet incident survienne en période de vacances, un moment propice à la réflexion.

Je me suis alors repassé dans la tête le film de la création de Publimovida. Ces moments passés avec mon associé pour construire cette petite société, surmonter les premières difficultés et la mettre sur des rails. Tous ces efforts pour construire cette tour, qui s'est, certes, avérée être de cristal, mais dont je croyais les fondations suffisamment solides pour résister aux chocs en tous genres.

Et au détour d'une réflexion j'ai relu le mythique poème *If* de Rudyard Kipling :

« Si tu peux voir détruit l'ouvrage de ta vie,
Et sans dire un seul mot te mettre à rebâtir,
Ou perdre en un seul coup le gain de cent parties,

Sans un geste et sans un soupir, (...)
Alors les Rois, les Dieux, la Chance et la Victoire
Seront à tout jamais tes esclaves soumis,
Et, ce qui vaut mieux que les Rois et la Gloire,
Tu seras un Homme mon Fils ».

Je venais de voir détruit non « le » mais « l'un » des ouvrages de ma vie. J'avais aussi perdu le gain de cent parties...

Il fallait que je relève la tête. Justement pour que tous ces malheurs ne me soient pas arrivés pour rien.

Il fallait vraiment que j'aille au bout de mon aventure et j'ai senti qu'en m'accrochant je pouvais encore donner une dernière chance à Publimovida.

Concrètement des décisions s'imposaient à court terme.

Tout d'abord, que faire du camion endommagé ?

J'avais deux solutions :

1° Abandonner le véhicule à la casse dans le sud de l'Espagne où il se trouvait encore après l'accident.

2° Le remettre au minimum sur pied, c'est-à-dire faire réparer le moteur et la cabine et le remonter vers Madrid, pour ensuite envisager le sort de la caisse publicitaire (qui restait détruite).

Ma décision fut d'opter pour la réparation, engageant mes dernières économies dans cette opération.

Une fois le camion de retour à Madrid, comme je suis très entêté, j'ai pensé que je pouvais faire réparer la caisse.

Il faut savoir que ce n'est pas simplement un tas de tôle mais vingt et un moteurs actionnant les affiches, le tout commandé par un ordinateur (d'où son prix si élevé).

Les devis reçus m'ont vite fait changer d'avis. Et si demain le camion trébuche à nouveau ? Ce serait une nouvelle perte sèche que je ne pourrais plus supporter financièrement parlant.

J'ai donc dû me résigner à trouver un acheteur pour ce tas de ferraille, et en terminer avec ce cauchemar de camion au plus vite...

Mon premier réflexe fut d'appeler ceux qui m'avaient vendu le véhicule (les franchiseurs) qui en toute « franchise » m'ont proposé quelques 10.000 € pour un véhicule, certes, en mauvais état, mais que je leur avais acheté 70.000 € deux années auparavant ! C'est ce que l'on appelle une « très » moins-value. De plus, la condition était de remonter le camion vers Brest, ce qui impliquait de nouveaux risques d'amendes étant donné l'état du véhicule, augmentant par la même occasion cette moins-value.

Solution abandonnée.

Mes pensées se sont ensuite dirigées vers ce fournisseur madrilène dont je vous parlais. Il m'indiqua que l'achat de mon camion l'intéressait, même endommagé. C'était pour moi la solution idéale, puisqu'il se trouvait à Madrid et que nous travaillions déjà ensemble.

En une semaine l'affaire était entendue, je récupérais avec cette vente une partie (très faible certes) de mon investissement initial.

Ma nouvelle équation pour Publimovida se traduisait par : zéro camion mais une base de clients qui continuaient à me solliciter.

La solution de la sous-traitance à temps plein coulait de source.

L'acheteur de mon camion cassé, se profilait comme le parfait partenaire de cette sous-traitance. D'autant plus que ce même acheteur disposait d'une flotte de six véhicules semblables au mien achetés également à la même société française quelques années plus tôt.

Avec ce nouveau modèle d'affaire tout le monde y trouvait son compte :

- mon fournisseur, tout content d'avoir trouvé une nouvelle source de revenus

- moi-même, heureux de poursuivre l'aventure d'entrepreneur mais cette fois-ci sans le stress d'être à la merci d'un coup de volant inopportun.
- Mes clients qui, sans le savoir, pouvaient continuer à faire leur publicité avec ce support innovant. Je dis sans le savoir, car ils n'ont jamais su que Publimovida ne possédait plus de camion.

À partir de ce moment-là, même si j'ai eu d'autres soucis de fournisseurs (décrits précédemment), ma dose quotidienne de stress a bien heureusement chuté.

J'ai bien fait de m'accrocher et de relire certains classiques de la littérature...

Mon conseil :

Allez vraiment jusqu'au bout de votre expérience d'entrepreneur et s'il ne reste qu'une infime chance de réussir : saisissez-là. Dans le cas contraire un jour ou l'autre vous aurez des remords.

Et pour avoir le courage de relever la tête après un coup dur... relisez le poème *If* de Kipling !

Développer votre affaire

Chercher à améliorer votre offre

Lorsque l'on évoque le développement d'une entreprise, on utilise souvent l'expression « se réinventer ou disparaître ».

Le monde change, vous aussi, et vos clients par la même occasion. Anticiper et s'adapter aux évolutions, chercher à améliorer le produit ou le service que l'on offre ou le réinventer, est par conséquent vital pour la survie de chaque entreprise.

Il y a tout de même une exception qui confirme la règle : si votre entreprise fonctionne parfaitement, alors surtout ne changez rien ! Il existe un célèbre dicton en anglais à ce propos : *If it's not broken, don't fix it.* Très nombreuses sont les sociétés qui ont voulu révolutionner leurs activités alors que tout marchait bien et qui ont échoué dans leurs nouvelles stratégies. Les changements sont souvent le fait d'une nouvelle équipe de dirigeants désireuse d'imposer son style.

Avant d'ajouter de nouvelles activités à votre entreprise, vous pouvez déjà commencer à réfléchir à la façon d'améliorer le produit ou service que vous proposez. Et en cherchant bien il y a toujours des moyens à cela.

Dans le cas de Publimovida ce que nous vendions : des affiches sur un véhicule publicitaire, est tellement basique qu'il nous a vraiment fallu nous creuser la tête pour le réinventer et l'améliorer.

Nous y sommes parvenus au terme de longues soirées de brainstorming mais également en mettant à contribution certains de nos clients de confiance, leur demandant ouvertement et humblement leurs avis sur nos points à améliorer.

Concrètement nos améliorations ont d'abord porté sur le suivi des campagnes.

Un client va payer pour la circulation d'un véhicule publicitaire, mais quels moyens a-t-il de contrôler le temps de circulation et le circuit que nous lui avons vendus ?

Nous avons donc acheté un service de localisation GPS et nous avons équipé tous nos véhicules (c'est-à-dire ceux de nos sous-traitants) avec ce système. Ainsi, le client se connectant à un site web peut à n'importe quel moment savoir où se trouve le camion et vérifier l'historique de sa circulation. C'est également un bon prétexte pour contrôler nos sous-traitants, et pour nos sous-traitants un outil infaillible afin de contrôler leurs chauffeurs. Il y a une réaction en chaîne !

Voici l'exemple d'un de nos rapports GPS où l'on voit, avec le dessin du camion, où se trouve le véhicule à un moment donné, et en dessous l'historique de sa circulation.

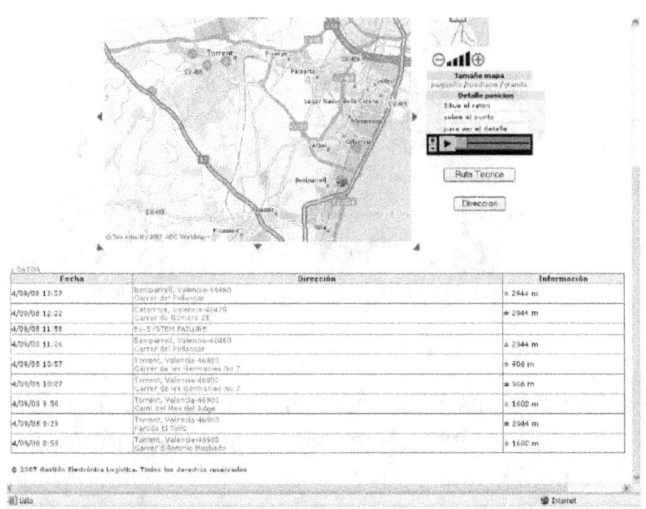

Nous avons aussi soigné les rapports de campagne. En prenant de nombreuses photos à des endroits clés de circulation du véhicule et en mettant en scène les photographies prises dans nos rapports de fin de campagne.

Sur la photo ci-dessous, extraite d'un rapport de campagne, on voit bien le piéton en train d'observer l'affiche du camion.

Nous avons également émis une réflexion sur le produit en lui-même. Même s'il reste toujours un véhicule, que pouvons- nous faire pour le rendre plus attractif ?

L'une de nos conclusions fut : c'est bien d'être vu, mais si on peut être entendu, c'est encore mieux !

Ainsi, nous avons incorporé des haut-parleurs à tous les véhicules. De cette façon nous proposions à l'annonceur, en plus d'un affichage rétro-illuminé, le passage en boucle de son spot radio (s'il en avait un) sur le même support. Couplage des sens : vu + entendu.

Voici une photo de nos haut-parleurs sur le camion d'un de nos sous-traitants :

Avec les affichages sur les trois côtés du véhicule, nous proposions l'option décoration intégrale aux couleurs de l'annonceur, renforçant ainsi l'impact visuel.

Nous avons également trouvé une déclinaison innovante, en transformant le camion en vitrine mobile. En relevant les affiches comme la caisse est vide à l'intérieur, nous pouvons, exposer directement le produit de nos clients. Avec la photo ci-dessous vous verrez une campagne faite pour la promotion d'un magasin de meubles, où derrière les vitres, on aperçoit un showroom de produits de notre client, en l'occurrence des meubles de décoration.

Ces exemples montrent qu'il y a toujours un moyen d'améliorer son produit ou service. Même s'il s'agit d'un simple camion publicitaire, si l'on se creuse bien les méninges, on peut le réinventer !

> Mon conseil :
>
> Mettez à contribution les clients en qui vous avez confiance, afin d'améliorer le produit ou le service que vous vendez. N'hésitez pas à leur demander leur avis. C'est aussi une façon de les fidéliser puisqu'ils se sentiront encore plus impliqués dans votre projet.
>
> Ne faites pas de révolution si votre affaire fonctionne bien : *If it's not broken, don't fix it !*

Diversifier ses activités

En général, on pense à diversifier ses activités pour palier à une éventuelle baisse de son activité principale. En d'autres mots on se diversifie pour ne pas mettre tous ses œufs dans le même panier. On recherche aussi par la même occasion à augmenter les revenus de son entreprise. C'est ce que tout entrepreneur a en tête.

Jusqu'ici tout va bien !

Mais diversifier ses activités cela demande un investissement en temps et en argent et ça ce n'est pas sans risque. Paradoxe lorsque l'objectif premier est justement de limiter les risques ! Avec de la malice, on peut toujours trouver des voix d'optimisation, nous y reviendrons.

En théorie, il y a deux « écoles » de diversification :

1° Se lancer dans une nouvelle activité très différente de son activité principale.

C'est une démarche cohérente par rapport à son souci de limiter les risques.

2° Développer une nouvelle activité proche de son activité principale.

C'est aussi une démarche cohérente pour optimiser les contacts et l'expérience que l'on a déjà acquise.

Avant de se lancer dans l'une ou l'autre de ces options je conseillerais d'abord de bien méditer son choix.

Avec Publimovida, j'ai testé ces deux stratégies avec des résultats très contrastés. Voici le récit de mon expérience :

La sous-traitance a des défauts, mais elle a aussi une grande qualité : elle soulage votre temps de travail. En effet n'ayant plus à gérer directement du personnel ou un parc de véhicules, je pouvais consacrer le plus clair de mon temps à d'autres activités puisque Publimovida se vendait tout seul (encore une fois merci Google Adwords !).

Ma première expérience de diversification fut pour le compte de la société : Thomson Business Intelligence Service, un mastodonte américain (qui n'a rien à voir avec son homonyme français Thomson CSF).

Intelligence en anglais cela veut dire « renseignement » « information ». C'est de là que vient d'ailleurs le fameux sigle que tout le monde connaît CIA : Central Intelligence Agency.

Thomson vend de « l'intelligence économique », c'est-à-dire des études approfondies sur des secteurs économiques divers. Cette société américaine dispose même de la plus vaste base de données de rapports économiques, au monde.

J'étais donc chargé de vendre ces rapports aux sociétés espagnoles intéressées moyennant un petit fixe et des commissions, que facturait directement Publimovida à Thomson. Je conservais ainsi toute mon autonomie, n'étant lié à cette société qu'au travers d'un contrat d'agent.

Mes clients potentiels étaient, avant tout, des sociétés de conseils et d'audit du type : Accenture ou KPMG ou d'ingénierie tels que Cape Gemini ou Atos Origin. Entreprises pour lesquelles je n'avais aucun contact préalable étant donné mon « background » de publicitaire. J'ai dû donc partir la fleur au fusil et reprendre le Ba.ba de la vente pour convaincre ces sociétés d'acheter ces rapports économiques.

L'expérience fut un succès relativement correct en termes de revenus générés, mais s'arrêta malheureusement au bout d'un an, lorsque Thomson décida de vendre sa base de données à une autre société…mais pas ses agents par la même occasion !

Je retiendrai de cette expérience un nouvel enseignement en matière de vente. Toutefois je regrette qu'elle ait été si différente de mon activité principale n'ayant pu optimiser aucun de mes contacts…

C'est au regard de ces conclusions que je me suis lancé dans une deuxième diversification cette fois-ci beaucoup plus cohérente avec mon activité principale.

Le but recherché était de profiter de ma base de données d'annonceurs publicitaires, acquise grâce à Publimovida, pour leurs proposer une alternative à la publicité extérieure. J'avais le choix entre les quatre autres supports conventionnels : TV, radio, cinéma et presses/revue. Et c'est ce dernier support que j'ai choisi.

Un ami de mon ancien job en agence de presse avait acheté les droits pour l'Espagne d'une nouvelle revue : « Champions » le magazine officiel de la ligue des champions. Mon ami s'occupant de la partie éditoriale de la revue, il avait grand besoin d'un associé pour gérer la partie publicitaire du magazine. Me voilà reparti dans une nouvelle aventure recontactant mes clients actuels et potentiels pour leur proposer de s'annoncer dans cette magnifique revue flambant neuve. Mais cette fois-ci je disposais de contacts dans le secteur.

Ce fut un échec relatif en raison des restrictions imposées par les gérants de la revue : il nous était interdit d'approcher les entreprises concurrentes des sponsors de la compétition qui
sont : Sony, Ford, Adidas, Vodafone, Heineken et Mastercard. Cela voulait dire qu'on ne pouvait pas contacter les fabricants de jeux vidéo, les constructeurs automobiles, aucune marque de vêtements de sport, aucune société de télécommunications, aucun producteur de bière, aucune banque.
En résumé cette chasse gardée nous imposait de ne pas aborder les entreprises susceptibles d'être intéressées par la revue en premier lieu !

Mais l'idée de diversification était bonne…

Ma troisième, dernière et actuelle expérience de diversification est…dans les nouvelles technologies plus précisément la Réalité Augmentée. Elle n'a rien à voir avec la presse, ni la publicité extérieure, même si une partie de la cible de clients reste la même : gros annonceurs et agences de publicité. Cette diversification est devenue ma principale activité depuis quelques années. Je vous raconterai cela dans un autre livre…

Mon conseil :

Pour votre diversification, choisissez en priorité un secteur qui ne vous est pas complètement étranger, l'idéal étant de se développer dans un secteur complémentaire de votre première activité.
Vous limiterez ainsi vos risques et pourrez optimiser les contacts déjà établis.

Fidéliser ses clients

Les affaires qui rapportent des revenus récurrents c'est ce que tout entrepreneur recherche ! Dieu que c'est dur de remettre les compteurs à zéro à chaque début d'année et repartir à la conquête de nouveaux clients pour faire bouillir la marmite. Plus que dur je dirais que c'est lassant. Si vous êtes jeune et plein d'énergie, vous ne verrez pas les contraintes tout de suite, mais avec les années qui passent, vous vous rendrez compte de la difficulté de se retrouver au pied de la même montagne à gravir à chaque début d'exercice.

Alors si vous avez réussi à créer une base de clients fidèles : bravo car vos compteurs ne seront pas remis complètement à zéro et vous allez vous enlever beaucoup de pression.

Une statistique qui fait peur : gagner un nouveau client coûte dix fois plus cher que d'en garder un ! D'où l'intérêt de soigner vos clients actuels…

Mais la question du million est : comment faire pour fidéliser ses clients ?

Il existe de nombreuses techniques que nous allons passer en revue, mais la principale façon de fidéliser un client…c'est de lui apporter pleine satisfaction ! C'est une telle évidence que l'on a tendance à l'oublier. Un client content de son produit ou service n'ira pas voir ailleurs. Et s'il le fait, ce ne sera pas sans une grande part de risque de sa part. Citons une nouvelle statistique : un client satisfait est dix fois plus apte à être fidèle.

La difficulté est avant tout de savoir si votre client est content ou pas. Et cela on ne le saura jamais si on ne le lui demande pas !

N'hésitez donc pas à solliciter régulièrement vos clients via des questionnaires de satisfaction. Vous serez ainsi fixés sur votre potentiel de clients fidèles, mais aussi sur les points à améliorer dans votre offre.

Dans le chapitre « Vente » nous évoquions le fait qu'un client achète le vendeur et le produit en même temps. Vous fidéliserez un client par les liens plus que professionnels qui se seront établis entre lui et vous. Il faut donc bien travailler cet aspect-là et humaniser votre entreprise le plus possible, de façon à ce qu'un client n'achète pas un produit ou un service à une société mais à une personne (qui travaille pour ou qui est gérant d'une société). Dans les pays latins tel que l'Espagne, où je me trouve, cette règle est encore plus vraie.

Les commerciaux sont trop souvent focalisés sur la recherche de nouveaux clients alors que leur principale action devrait être de les fidéliser. Tout d'abord parce que c'est vital pour la survie de toute entreprise, mais en plus, car il existe toujours des possibilités « d'upselling » avec les clients existants.

L'upselling, c'est l'augmentation du chiffre d'affaires par client, d'où la nécessité d'entrer en contact avec votre base de clients par tous les moyens : visites, appels, courriers etc, de façon à mieux les connaître.

Informer, voire impliquer vos clients dans les développements de votre entreprise, c'est aussi une autre façon de les fidéliser. Pour cela, il y a comme moyen les « Newsletters », ces lettres d'information que l'on envoie à sa base de données de contacts pour faire part de nouveautés commerciales ou promotionnelles. Vous pouvez aussi créer un espace intranet dans votre site web, pour permettre à vos clients d'avoir accès à des informations privilégiées via un mot de passe. C'est jouer sur le critère de l'exclusivité et donc d'une certaine façon sur l'ego de la personne.

Comme moyen plus classique, il y a la traditionnelle carte de fidélité, qui permet en principe de bénéficier de remises. En général les sociétés utilisent les cartes de fidélité pour avoir plus d'informations sur leurs clients. Elles peuvent ainsi affiner leurs bases de données et cibler leurs offres à ces mêmes clients. En d'autres mots une carte de fidélité vous offre un moyen efficace sur la traçabilité de vos clients….quitte à y laisser au passage un peu de votre marge en compensation des remises accordées aux porteurs de cette carte. On n'a rien sans rien !

Encore plus pervers, mais ô combien efficace est la remise de fin d'année. Cette fameuse RFA si chère aux grandes et moyennes surfaces. Comme son nom l'indique, on ne peut bénéficier de cette ristourne qu'en fin d'année, ce qui implique une fidélité ipso facto entre fournisseurs et clients pour bénéficier du jackpot promis le 31 décembre.

Pour en finir avec cette revue des instruments de fidélisation, citons un moyen moins humain mais également efficace : l'outil informatique, le CRM. CRM veut dire « Customer Relation Management » ou en français GRC Gestion de la Relation Client. Un CRM permet, en un seul coup d'œil, d'avoir l'historique complet de la relation entre votre entreprise et votre client.

Bien entendu tous ces moyens doivent être adaptés à votre type d'activité. Pour Publimovida, notre principale arme de fidélisation a d'abord été la «disponibilité». Dans le monde de la publicité les campagnes se décident bien souvent au dernier moment et il faut être capable de mettre en place une action en un temps record. En sous-traitant les camions et en bénéficiant de plusieurs sous-traitants, nous avons à chaque fois plusieurs solutions de rechange, ce qui fait que notre point fort est de toujours pouvoir proposer une solution aux clients, même dans les cas les plus critiques. Et ils apprécient cela.

En plus de la disponibilité nos autres armes de fidélités sont la qualité du service rendu :

- Propreté et état des camions publicitaires.

- Qualité de l'impression des affiches.

- Rapport et suivi de campagne avec le GPS.

Une année j'ai essayé de fidéliser certains de mes clients en leur offrant une bouteille d'un grand cru à l'occasion de fêtes de Noël. Aucun ne m'a racheté une campagne l'année suivante. Simple coïncidence ou conséquence ? Je ne l'ai jamais su. Toujours est-il que j'ai abandonné cette pratique, économisant ainsi une opération coûteuse à Publimovida…

Mes conseils :

Deux statistiques à retenir et à inscrire au tableau noir de vos commerciaux :
-Gagner un nouveau client coûte dix fois plus cher qu'en garder un.
- Un client satisfait est dix fois plus apte à être fidèle.

C'est en connaissant vos clients que vous saurez subvenir à leurs besoins et que vous les rendrez fidèles. Pour cela n'hésitez pas à employer les grands moyens : contacts directs, cartes de fidélité, remises en tous genres.

Trouver son équilibre vie privée vie professionnelle

Nous sommes proches de la fin de ce livre. Au fil des pages, il y a toujours un lien qui se crée entre un auteur et un lecteur, et encore davantage quand les faits relatés sont autobiographiques.
Je vous ai plongé dans une grande partie de mon intimité en décrivant les nombreux événements qui me sont arrivés. Je voudrais maintenant aborder un sujet encore très personnel bien qu'il soit toujours lié à l'entreprenariat. C'est la recherche de l'équilibre entre sa vie privée et son travail.

Bien malin celui qui peut affirmer qu'il n'est pas intéressé par cet équilibre.

Du fait de son travail on fait nécessairement des sacrifices sur sa vie privée et cette règle est encore plus vraie si l'on est entrepreneur. Sacrifices en matière de temps passé avec les siens, et le temps malheureusement ne se rattrape jamais.
Ne pas voir grandir ses enfants ou plutôt les voir grandir mais ne pas s'en apercevoir, ne pas profiter de ses parents ou de ses amis, ignorer son

conjoint trop accaparé par ses pensées professionnelles, sont des maux à fuir.

Mais comment faire si l'on a de l'ambition et si l'on veut faire « quelque chose » de sa vie professionnelle ? N'y a-t-il aucune solution ?

Bien sûr que oui. Il y a des solutions à tout, mais pour « avoir le beurre et l'argent du beurre », il faut trouver le juste équilibre. Celui qui fera de vous un Homme heureux et épanoui tant sur votre lieu de travail qu'à la maison. Je pousserai même la réflexion plus loin. Un Homme complètement épanoui ne le sera que s'il est pleinement heureux dans sa vie privée comme dans sa vie professionnelle. Et je me risquerai même à une réflexion machiste : cette maxime est encore plus vraie pour les hommes avec un petit « h » que pour les femmes, car les femmes une fois maman ont souvent d'autres priorités.
Alors, il faut aller chercher cet équilibre coûte que coûte ! Et pour le trouver, il faut toujours rester sur ses gardes, ne jamais penser que tout est acquis et ne pas hésiter à se remettre en question. En prenant conscience qu'on peut facilement tout perdre, on reste forcément en alerte. Les vacances sont souvent le moment opportun pour faire le point sur cet équilibre si précaire. Mais les vacances ce ne sont que quelques semaines dans l'année, mieux vaut donc ne pas les attendre pour faire les révisions nécessaires. « Coucher » sur papier ses objectifs personnels et professionnels est une excellente façon de voir les choses en perspective et de se rendre compte de ses priorités. L'écriture possède une vertu magique,

celle de transposer sur papier ses états d'âme et d'en prendre ainsi conscience.

Je n'ai pas d'autres conseils à vous donner dans ce chapitre, car c'est un sujet si personnel que chacun voit midi à sa porte, selon la formule consacrée. En guise de conclusion, cette petite anecdote : un jour j'ai passé un entretien avec un recruteur expérimenté, qui m'a demandé quels étaient mes objectifs d'aujourd'hui à dix ans. J'ai répondu que c'était de m'efforcer de rendre heureux les personnes qui m'entouraient tant sur mon lieu de travail que dans ma vie privée. Je n'ai pas décroché le job pour d'autres raisons, mais en sortant de l'entretien j'étais vraiment content de ma réponse.
De nombreuses années ont passé depuis cette anecdote, mais si on me reposait la même question, je répondrais exactement la même chose. C'est cet équilibre-là que je recherche !

Mes conseils :

Entrepreneurs, vous qui allez vous jeter corps et âme dans votre travail, ménagez votre vie privée et trouvez un juste équilibre entre vos priorités professionnelles et personnelles.

Ne pensez jamais que tout est acquis sur le plan privé et n'hésitez pas à vous remettre en question. En prenant conscience que l'on peut facilement tout perdre, on reste nécessairement sur ses gardes…

Conclusion

J'espère que la lecture de ce livre vous a été utile dans vos projets actuels ou futurs d'entreprenariat.

J'espère aussi ne pas vous avoir découragé avec le récit des difficultés que j'ai pu endurer. Quand j'ai commencé Publimovida, je pensais pouvoir prendre l'ascenseur pour arriver au succès...mais je me suis vite aperçu que le seul chemin possible était l'escalier !

L'entreprenariat est si difficile, que l'on peut facilement avoir la tentation d'abandonner, usé par l'énergie que cela demande. Entrepreneurs, combien de fois avez-vous pensé : qu'est-ce que j'aimerais recevoir mon chèque en fin de mois comme un employé, sans me soucier d'autre chose ?

Mais les temps ne sont plus ce qu'ils étaient. L'emploi à vie n'existe plus, même pour les fonctionnaires. Plus personne n'est à l'abri d'un licenciement. Au moins en tant qu'entrepreneur, vous êtes responsable de votre destin !

A méditer quand la tentation de l'abandon s'installe…

Je voudrais aussi insister sur l'importance d'aller au fond des choses et au bout de votre aventure d'entrepreneur, pour n'avoir rien à regretter. J'ai eu des dizaines de fois envie d'arrêter Publimovida, mais je me suis accroché et avec le recul je me félicite de l'avoir fait. Bien souvent c'est la dernière clé que l'on a en main qui ouvre la porte…

Une autre réflexion porte sur le partage des connaissances. C'est pour moi la seule vraie limite de l'entreprenariat si vous avez décidé de vous aventurer tout seul.

Rien, absolument rien ne vaut le partage des connaissances humaines pour avancer. On croit souvent que l'on peut y arriver tout seul…à plusieurs, on y arrivera toujours plus vite.

Même si vous pensez que vous n'êtes fait que pour travailler tout seul, faites-vous aider et conseiller par vos proches, ils auront le recul nécessaire que vous n'aurez jamais, faute d'être trop accaparé par votre sujet.

J'aimerais pour conclure ce livre vous faire partager une dernière réflexion qui est devenue une véritable source de motivation.

Avant, chaque fois qu'un problème se présentait, je commençais par me lamenter en me demandant ce que j'avais bien pu faire pour mériter cela. Maintenant, quand je dois faire face à une difficulté, bien sûr, je me lamente toujours, mais je sais que cette nouvelle épreuve aussi douloureuse soit elle, m'apportera quelque chose.

La vie est comme un livre, il ne faut sauter aucun chapitre et continuer de tourner les pages. Tôt ou tard on finit par comprendre pourquoi chaque chapitre était nécessaire !

Bon courage dans votre expérience d'entrepreneur et surtout, comme disait une certaine personne vêtue de blanc :

N'ayez pas peur !

Remerciements

« Que c'est difficile de remercier » disait Gérard Depardieu à une cérémonie de récompenses.

Puisque j'ai enfin l'occasion de mettre sur papier ces remerciements, ils vont tout d'abord vers mes proches, qui m'ont soutenu en tout moment: Ma femme Carmen, mes enfants Jon et Clara, mes parents, mes beaux-parents et mon frère.

Je pense aussi à mes amis qui sont si importants dans mon équilibre vie privée, vie professionnelle.

J'ai une pensée toute particulière pour la famille de mon associé et pour Eric, sans qui Publimovida n'aurait jamais existé.

Comme il s'agit d'un livre sur une création d'entreprise, je n'oublie pas bien sûr de remercier…mes clients !

Et merci à Dieu, God, Allah, Javeh, Dios, la source…

Soyez heureux, soyez dans l'amour et tout ira toujours bien dans votre vie.

Nous ne sommes faits que pour aimer !

Du même auteur

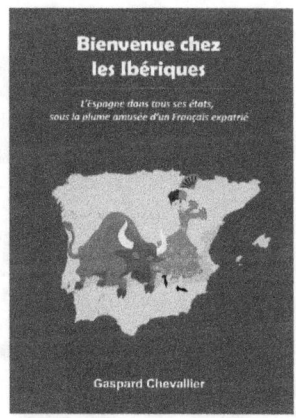

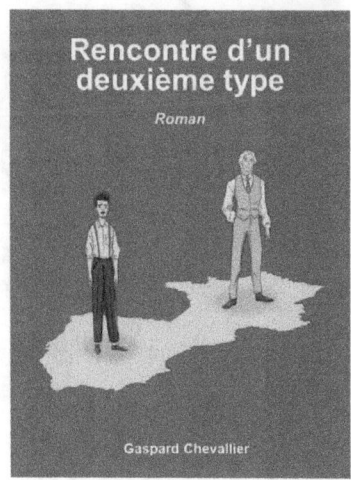

Mémo des conseils

S'associer

<u>Mes conseils</u> :

Suivez votre instinct au moment de vous associer ! L'instinct c'est le premier et le « vrai » sentiment en dehors de tout jugement extérieur. Un sentiment unique. Puisque « l'autre » ne vous connaît pas non plus, il ne peut être que lui-même. Il n'a que sa vraie nature à vous montrer, celle qui vous plaira…ou pas.

Mon deuxième conseil est de ne pas demander conseil à vos proches quant à votre association !

Cela peut paraître osé de dire cela, mais c'est la vérité. Il n'y a vraiment que vous-même pour savoir si vous êtes fait pour travailler avec une personne. Pas les autres !

En résumé, on pourrait dire qu'il faut laisser le rationnel de côté au moment de choisir son associé et ne suivre que son instinct.

Étude de rentabilité

Mon conseil :

Si vous entreprenez un business dans une idée déjà largement exploitée, veillez à ce que la différence ou la valeur ajoutée que vous allez y apporter soit significative. Sinon, vous serez juste « un de plus » dans un marché déjà très concurrentiel.

Même si votre affaire a une valeur de revente significative sans être profitable, ne négligez pas votre étude de rentabilité et pour éviter les mauvaises surprises, appliquez la loi des 20-20 : minorez vos potentiels de recettes de 20% et majorez vos coûts de 20%.

Une idée avec potentiel

Mes conseils :

- Si vous avez la preuve qu'il existe un marché pour le produit ou le service que vous allez vendre.

- Si ce marché a de l'avenir à court et moyen terme (à long terme plus personne ne sait maintenant).

- Si votre cible de clients n'est pas trop restrictive.

- Si vous avez la capacité économique pour démarrer votre affaire et survivre quelque temps sans revenu.

- Si vous avez les compétences pour assumer tout seul l'organisation de votre affaire.

> Alors pas besoin d'en savoir plus: foncez et faites le tout de suite !
>
> Plus vous attendrez, plus vous douterez et plus vous réduirez vos chances de vous lancer…

Négocier et obtenir des informations d'un fournisseur/ franchiseur

> <u>Mon conseil</u> :
>
> Si je devais faire une synthèse des questions-clés à poser, je dirais :
>
> 1° Qu'il est primordial d'avoir la plus ample information sur les cas de franchises qui n'ont pas marché.
>
> 2° De bien analyser les cas de franchises qui ont du succès.
>
> Si votre situation se rapproche plus du premier cas que du deuxième, posez-vous quelques questions avant de continuer…En revanche si vous avez beaucoup de points communs avec une franchise à succès, vous êtes sur la bonne voie, vous venez de passer le « cut » !

Préparer votre lancement
L'infrastructure matérielle et légale

> Résumé de mes conseils :
>
> - Pour l'infrastructure, soyez prévoyant dans l'élaboration de vos statuts et veillez à rédiger un contrat privé entre associés.
>
> - On retrouve dans les statuts de nombreuses sociétés la présence d'époux/se, de parents ou d'amis, bref de personnes n'ayant aucune activité directe au sein de la société. C'est une grave erreur ! Si jamais vous divorcez, si jamais vous vous brouillez avec vos amis voire avec votre famille, vous regretterez d'avoir ce lien qui vous unit dans les statuts de votre société. Et si un jour votre société est rachetée, il faudra obligatoirement les mettre à la table des négociations. Je vous raconterai dans les pages qui suivent mon expérience à ce sujet.
>
> - Soyez prudents pour vos dépenses surtout en ce qui concerne le loyer de vos bureaux. Pensez que de bien nombreuses sociétés ont démarré leur activité dans le garage de leurs fondateurs et ceci ne les a pas empêchés de triompher.

Le plan de financement

> Résumé de mes conseils :
>
> Comme possibilité de financement, je mettrai en premier choix l'Etat à travers ses agences spécialisées. Puis tout de suite après l'autofinancement si vous le pouvez.
>
> Évitez par tous les moyens de solliciter votre famille et vos amis. Vous ne le regretterez jamais !

Le plan Marketing de votre affaire
Le produit

> Mon conseil :
>
> Avoir bien en tête la définition et la description du produit ou service que vous allez vendre paraît si évident que l'on a tendance à négliger cette étape. Et pourtant c'est essentiel d'avoir les idées bien claires sur ce que l'on propose.
>
> Faites appel à votre entourage avec des jeux de rôle de mise en situation. Si eux ne comprennent pas ce que vous faites et ce que vous allez essayer de vendre, alors dites-vous bien que peu d'autres personnes comprendront….

Le prix

> Mon conseil :
>
> Il y a tellement de facteurs à prendre en compte pour établir le juste prix de vos produits ou services : concurrence, rentabilité, prix à payer par les clients…qu'il vaut mieux avancer à tâtons dans cette étape si importante pendant les premiers mois de vos affaires et surtout ne jamais rien figer.
>
> Vos produits et vos clients évoluent, il faudra donc faire les ajustements nécessaires pour que vos prix soient en phase avec eux et ceci le plus souvent possible.

Promotion-publicité

> Mon conseil :
>
> Dans les années 70, au moment du choc pétrolier, un slogan publicitaire est devenu mythique : « En France, on n'a pas de pétrole, mais on a des idées ». Donc à défaut de gros moyens, soyez inventif pour votre propre promotion.

Distribution

> Mes conseils :
>
> Il y a une phrase qui résume parfaitement la bonne stratégie à avoir en matière de positionnement client : *Think global but act local.* Pensez globalement, mais agissez localement pour trouver votre cible de clients.
>
> Avant de vous lancer, faites sur un échantillon représentatif de clients potentiels, des tests grandeur nature. En fonction de leur réaction, vous verrez tout de suite si vous êtes sur la bonne voie où s'il faut repenser votre business et/ou votre cible de clientèle.

Présentation

Mes conseils :

- On dit souvent qu'une image vaut 1.000 mots. Abusez donc dans votre présentation d'illustrations, car elles captiveront davantage l'attention de vos lecteurs, que de simples mots.

- Ne pensez pas que votre site web peut remplacer une présentation. C'est un bon complément mais pas un substitut.

- N'hésitez pas à mentionner vos prix dans vos présentations. Vous gagnerez du temps avec les prospects qui n'auront jamais le budget pour acquérir votre produit.

Le planning commercial

Mon conseil:

Fixez-vous des objectifs REALISABLES et A COURT TERME. Vous les réviserez si besoin est. Dans le cas inverse vous vous découragerez vous-même devant l'ampleur de la tâche…

Trouver un nom commercial, un logo, un slogan…

Mes conseils:

Pensez à trouver un nom commercial prononçable dans les langues les plus parlées. Si aujourd'hui votre unique marché est la France demain ce peut-être l'export qui fera vivre votre société.

Pour votre logo faites un appel d'offres dans une école de design en échange d'une référence (ou d'un stage). Ce sera un excellent win-win pour les deux parties.

Un slogan efficace peut être également être un redoutable outil pour illustrer votre activité. On oublie parfois les marques, mais on se souvient toujours des slogans.

Penser aussi à l'opportunité d'accoler une mascotte à votre nom commercial. C'est également un sacré antidote contre l'oubli et possède la vertu « d'humaniser » votre produit.

Votre présence sur la toile

Mon conseil :

Pensez à élaborer un site avec des explications simples sur ce que vous proposez.

Soyez maître de votre « code source » : c'est-à-dire qu'il faut que vous négociez avec le développeur de votre site pour que vous puissiez vous-même actualiser son contenu. Ce sera un important gain de coût et surtout ceci vous permettra une plus grande flexibilité pour adapter votre site web lorsque votre business modèle évoluera.

Les Réseaux sociaux

Mes conseils :

Les réseaux sociaux sont facilement « apprivoisables », il suffit juste d'un peu de pratique, c'est ce que l'on appelle le *Learning by doing*. Je vous conseille donc de gérer cet aspect vous-même plutôt que d'engager des frais dans une sous-traitance du moins au démarrage de votre activité.

Je vous fais le pari que vous prendrez goût à la gestion de cette activité et que sera même un bon divertissement.

Lancement de l'activité
Les premiers appels/phoning

Mes conseils :

Pour un phoning efficace, je citerai les mots-clés suivants :

- Calme autour de soi et moment opportun (évitez les lundis matin…).

- Ayez bien en tête l'objectif de votre coup de fil et votre argumentaire pour atteindre cet objectif.

- Soignez votre introduction par une recommandation ou une note d'humour.

- Soyez clair, net et précis.

- Soyez enthousiaste.

- Sachez écouter votre interlocuteur et posez les bonnes questions.

- Notez tout de suite le compte rendu de votre appel.

Et, si l'objectif est atteint, alors…RECOMPENSEZ-VOUS ! Vous l'aurez bien mérité.

Vos rendez-vous

> Mon conseil :
>
> Une méthode infaillible: Pensez à la difficulté que vous avez eu pour décrocher un rendez-vous important… cela vous obligera et vous motivera à bien le préparer !

La vente

> Résumé de mes conseils :
>
> Pour être efficace dans la vente :
>
> - Faites comme si vous alliez conquérir votre interlocuteur.
>
> - Gardez un optimisme à toute épreuve, la roue finira par tourner en votre faveur.
>
> - Soyez humble quand les résultats arriveront. Dans le cas contraire, vous cesserez de progresser.
>
> - Essayez de renvoyer l'image d'une personne qui réussit, même si ce n'est pas toujours le cas…
>
> - Ayez toujours soif d'apprentissage et « d'amélioration ».

Recruter du personnel

> Mes conseils pour vos recrutements :
>
> - Jugez davantage l'attitude de vos candidats que leur aptitude.
>
> - Ne soyez pas seul à prendre la décision d'embauche.

Et plus tard dans vos relations avec vos employés : soyez humain, mais s'il y a une faute grave, ne vous laissez pas attendrir et prenez les décisions qui s'imposent.

Utiliser son carnet d'adresse

Mon conseil :

En plus de vos contacts sur les réseaux sociaux, faites une liste de vos amis, parents et autres connaissances qui avec leurs activités professionnelles pourraient éventuellement vous aider. Vous verrez certainement des acheteurs potentiels de votre produit ou service parmi eux.

Trouver un mentor

Mon conseil :

Faites cet exercice : souvenez-vous de vous il y a juste un an et posez-vous la question : étais-je la même personne ?

Bien sûr que non ! Vous avez évolué grâce à l'expérience de la vie et de ces 365 jours écoulés depuis. Vous comprendrez ainsi l'utilité de consulter parfois un « sage » qui vous fera partager son expérience des années passées…

Optimiser son temps et ses coûts
L'infrastructure

> Mes conseils :
>
> - Ne faites pas vous-même ce que d'autres peuvent faire beaucoup mieux pour pas très cher. Trouvez rapidement une société qui fera votre comptabilité moyennant un forfait mensuel.
>
> - Gérez vous-même (au moins au démarrage de votre société) tout ce qui est en rapport avec votre activité commerciale et vos dépenses : factures et bons de commande. Cela vous permettra une meilleure visibilité de votre action commerciale et de votre cash-flow.

Optimisez votre action commerciale

> Mon conseil :
>
> Pour maximiser votre action commerciale, étudiez avec soin l'opportunité d'une campagne sur « Google Adwords ». C'est encore assez bon marché et terriblement efficace !

Optimisez vos coûts de production

> Mon conseil :
>
> Avant d'investir dans du matériel et du personnel pour satisfaire une augmentation de commandes, étudiez d'abord l'opportunité de sous-traiter votre production. Cette solution peut vous offrir une plus grande flexibilité…

L'aide des organismes publics et privés

> Mon conseil :
>
> Demandez, vous recevrez ! C'est souvent le cas avec les organismes privés et publics qui peuvent vous être d'une aide précieuse dans de nombreux domaines auxquels on n'aurait jamais pensé.

Autres idées

> Mon conseil :
>
> Un stagiaire, une société spécialisée dans les « cost cutting » ou encore le recours à un mémoire de fin d'études ou un concours sont, entre autres, d'utiles moyens de maximiser votre si précieux temps d'entrepreneur et vos si sensibles coûts.

Gérer les problèmes

Problèmes techniques

> Mon conseil :
>
> Essayez de maîtriser au mieux vous-même toute la technique de votre business pour être le moins dépendant possible de quelqu'un d'autre. Dans le cas contraire, cela deviendra rapidement un frein à votre développement voire tout simplement à votre activité.

Problèmes légaux

> Mes conseils :
>
> Prenez vos précautions pour ne pas avoir de mauvaises surprises sur l'aspect légal de votre activité. On consulte en général deux chirurgiens distincts avant une opération délicate. Faites-en de même pour vos sujets légaux : consultez deux juristes différents et si les deux ont le même discours, cela vous donnera quelques certitudes.
>
> Et puis…ne reculez pas devant les obstacles juridiques. Affrontez-les ! Il y a des solutions à tout, et il faut tout de même prendre un minimum de risques si l'on se sent une âme d'entrepreneur.

Problèmes commerciaux

> Mon conseil :
>
> Si vous avez un problème commercial, c'est parce que :
>
> - vous ne vous adressez pas à la bonne cible de clientèle.
>
> Et/ou
>
> - Votre produit ou service n'est pas adapté aux personnes à qui vous le proposez.
>
> Ce sont des conclusions certes très basiques mais vraies dans 99% des cas. Il existe nécessairement un marché niche pour votre produit ou service. C'est en repositionnant votre offre que vous le trouverez.

Gestion d'un drame

Mes conseils :

Le travail est la meilleure des thérapies pour sortir de ses malheurs, soucis personnels voire idées noires. Même si les catastrophes vous dépriment, essayez de remettre le pied à l'étrier le plus rapidement possible. Une fois que vous êtes lancé, vous n'aurez pas d'autres options que de regarder bien loin devant vous.

Mon autre réflexion porte sur un thème plus profond :

Combien de fois nous nous sommes disputés avec mon associé. Combien de fois nous nous sommes énervés pour des bêtises. C'est normal quand on crée sa boîte, il y a nécessairement du stress, de la nervosité, des tensions.

Combien de fois j'ai regretté ces engueulades quand il n'était plus là.

Aimez-vous les uns les autres et surtout…Aimons-nous vivants !

Problèmes de sous-traitants

Mon conseil :

Si vous avez à choisir entre plusieurs fournisseurs ou sous-traitants, au-delà du prix, veillez également à ce qu'ils aient les mêmes critères de qualité que les vôtres. Encore une fois cela peut être évident, mais cela ne l'est pas toujours…

Le contrôle de la qualité des sous-traitants

Mon conseil:
Si vous avez à choisir entre plusieurs fournisseurs ou sans-traitants, au delà du prix veillez également à avoir les mêmes critères de qualité qu'eux. Cela peut être évident, mais cela ne l'est pas toujours

Danger de la sous-traitance : être copié par son sous-traitant!

Un conseil :
Cette fois-ci je me mets à la place de mon fournisseur : ne devenez jamais l'otage de votre client !
Pour ne pas être copié, il faut toujours avoir une longueur d'avance. Pour Publimovida, cette longueur je l'ai acquise grâce au labeur commercial, à une base de données clients et aussi grâce à Google Adwords.

Problèmes de personnel

> Mes conseils :
>
> - Tout business qui se monte comporte nécessairement sa part de risque, mais gare à tout risquer !
> Dans mon cas, circuler 8 heures par jour, avec mon unique outil de travail, à la merci d'un accident et à demi assuré, c'était TROP RISQUÉ.
>
> - Pour votre personnel : soyez donc humain, mais aussi vigilant. Mon chauffeur avait des problèmes de dépression. Humblement, je pense que lui avoir donné ce travail à un moment de sa vie (où il venait de passer de dures années de chômage) lui a donné un sacré coup de main. Je ne regrette donc pas de l'avoir fait. Le seul problème est qu'il roulait trop vite et qu'il n'était pas assez attentif, deux défauts majeurs…quand vous êtes chauffeur !   J'aurais juste dû, à un moment donné (au deuxième accident), dire stop.

Vaincre la tentation d'abandonner et rebondir pour développer votre affaire

> Mon conseil :
>
> Allez vraiment jusqu'au bout de votre expérience d'entrepreneur et s'il ne reste qu'une infime chance de réussir : saisissez-là. Dans le cas contraire un jour ou l'autre vous aurez des remords.
>
> Et pour avoir le courage de relever la tête après un coup dur… relisez le poème *If* de Kipling !

Chercher à améliorer votre offre

> Mon conseil :
>
> Mettez à contribution les clients en qui vous avez confiance, afin d'améliorer le produit ou le service que vous vendez. N'hésitez pas à leur demander leur avis. C'est aussi une façon de les fidéliser puisqu'ils se sentiront encore plus impliqués dans votre projet.
>
> Ne faites pas de révolution si votre affaire fonctionne bien : *If it's not broken, don't fix it !*

Diversifier ses activités

> Mon conseil :
>
> Pour votre diversification, choisissez en priorité un secteur qui ne vous est pas complètement étranger, l'idéal étant de se développer dans un secteur complémentaire de votre première activité.
> Vous limiterez ainsi vos risques et pourrez optimiser les contacts déjà établis.

Fidéliser ses clients

> Mes conseils :
>
> Deux statistiques à retenir et à inscrire au tableau noir de vos commerciaux :
> -Gagner un nouveau client coûte dix fois plus cher qu'en garder un.

- Un client satisfait est dix fois plus apte à être fidèle.

C'est en connaissant vos clients que vous saurez subvenir à leurs besoins et que vous les rendrez fidèles. Pour cela n'hésitez pas à employer les grands moyens : contacts directs, cartes de fidélité, remises en tous genres.

Trouver un équilibre travail-vie privée

Mes conseils :

Entrepreneurs, vous qui allez vous jeter corps et âme dans votre travail, ménagez votre vie privée et trouvez un juste équilibre entre vos priorités professionnelles et personnelles.

Ne pensez jamais que tout est acquis sur le plan privé et n'hésitez pas à vous remettre en question. En prenant conscience que l'on peut facilement tout perdre, on reste nécessairement sur ses gardes…

www.ingramcontent.com/pod-product-compliance
Lightning Source LLC
Chambersburg PA
CBHW071758200526
45167CB00017B/414